교육 체제의 혁명적 전환, 미룰 수 없다

대한민국
교육혁명

교육 체제의 혁명적 전환, 이룰 수 있다

대한민국
교육혁명

초판 1쇄 인쇄 2016년 8월 8일
초판 1쇄 발행 2016년 8월 15일

지은이 교육혁명공동행동 연구위원회
펴낸이 김승희
펴낸곳 도서출판 살림터

기획 정광일
편집 조현주
북디자인 꼬리별

인쇄·제본 (주)현문
종이 월드페이퍼(주)

주소 서울시 영등포구 양평로21가길 19 선유도 우림라이온스밸리 1차 B동 512호
전화 02-3141-6553
팩스 02-3141-6555
출판등록 2008년 3월 18일 제313-1990-12호
이메일 gwang80@hanmail.net
블로그 http://blog.naver.com/dkffk1020

ISBN 979-11-5930-022-6 03370

교육 체제의 혁명적 전환, 미룰 수 없다

대한민국
교육혁명

교육혁명공동행동 연구위원회 지음

살림터

2012년 『대한민국 교육혁명』을 발간한 지 4년이 지났습니다. 그사이에 교육에도 커다란 영향을 미치고 있는 선거가 세 차례 진행되었습니다. 2012년 대선에서 박근혜 대통령의 당선, 2014년 교육감 선거에서 민주진보 교육감의 대거 당선, 2016년 국회의원 선거를 통해 여소야대 국회 출현 등이 일어났습니다. 이러한 요인들이 서로 작용하면서 우리나라 공교육의 현재의 모습을 만들고 있습니다.

먼저 박근혜 정부는 신자유주의 교육을 그대로 밀어붙이고 있습니다. 자율형사립고 등 특권학교 정책을 지속하고 있고, 자의적 대학 평가로 대학 구성원에게 고통 떠넘기기식 엉터리 대학 구조조정을 강요하고 있습니다. 심지어 교육부가 대학들을 자신의 입맛대로 강제로 평가하여 줄 세우기를 할 수 있도록 만드는 대학구조개혁법마저 통과시키려 하고 있습니다. 교원평가와 성과급, 대학교원의 성과연봉제를 강화하고 있습니다. 이로 인해 2012년 이명박 정부 당시의 교육적 모순은 어느 것도 해결되지 않고 온존하고 있습니다.

오히려 2012년 대선을 통해 집권한 박근혜 정부는 경쟁주의 정책, 교육 시장화 정책을 지속하는 것은 물론 과거 군사정부 시절의 권위주의적, 독재적 교육을 불러내고 있습니다. 친일독재를 미화하는 역사교과서의 국정화를 추진하고 있고, 전국교직원노동조합을 법외노조로 내몰면서 노동기본권마저 박탈하였습니다.

둘째, 2014년의 교육감 선거에서 진보 교육감이 13개 시·도에서 대거 당선되었습니다. 진보 교육감들의 공약은 기존의 신자유주의 교육 패러다임을 근본적으로 바꾸는 것입니다. 무상급식, 무상교육 확대로 교육복지와 교육 공공성을 확보하고 혁신학교를 통해 교육의 변화를 추진하고, 학생인권조례 등으로 민주주의를 발전시키는 것이었습니다. 특히 교육감 선거 직전에 발생하였던 세월호 참사는 우리 교육에 대한 근본적 성찰을 요구하였습니다.

교육부와 교육청의 패러다임의 충돌은 현실에서도 발생하였습니다. 자사고 지정 취소를 둘러싼 공방, 전교조 법외노조를 둘러싼 공방, 역사 교과서 국정화를 둘러싼 공방, 누리과정 예산 부담을 누가 책임질 것인가를 둘러싼 공방이 날카롭게 진행되었습니다. 교육정책 방향을 둘러싸고 중앙권력과 지방권력 사이의 충돌이 생겨나면서 우리나라 교육에서는 이중 권력 양상이 나타나고 있습니다.

셋째, 2016년 총선에서 여소야대 국회가 조성되었습니다. 교육단체들로 구성된 '교육정책 대응 총선연석회의'는 우리 교육의 근본적 재편을 위하여 교육혁명 의제를 반영한 공약들을 정당에 제시하였습니다. 보육, 유·초등, 중등, 고등교육에 이르기까지 공공성과 민주주의와 기본권을 담아낸 것이었고, 대부분의 야당들은 이에 대해 찬성의 입장을 보내왔습니다. 이러한 상황은 교육 주체들의 대중적 운동이 고양될 때 교육혁명이 현실화될 수 있는 가능성이 높아졌다는 것을 의미합니다. 다시 말해 적어도 법제도 변경을 위한 국회의 조건이 새누리당이 과반을 차지했을 때보다는 나아졌다는 것입니다.

이러한 변화의 이면에는 교육을 바로잡으려는 교육 주체들의 노력이 있었습니다. 자사고 재지정 평가를 계기로 특권학교를 폐지하고 일반고를 강화하려는 활동이 있었고, 역사 교과서 국정화를 막기 위하여 교육단체, 사회단체들이 연대하여 활동하였습니다. 중앙정부가 부담해야 할 누리과정 예산을 시도 교육청으로 넘기려는 시도에 대해서도 교육재정확보국민운동본부를 결성하여 대응하였습니다. 교육 개편의 중심적 역할을 해온 전교조를 탄압하는 시도에 수많은 교육단체와 사회단체들이 교육민주주의를 지키기 위하여 하나로 결집하여 행동하였습니다. 대학의 서열화와 강제적 퇴출을 시도하는 구조조정과 대학총장직선제 폐지 등 대학 민주화를 부정하려는 시도에 맞서 대학 교수, 대학직원, 대학생들이 정규직이나 비정규직의 구분 없이, 교직원과 학생의 구분 없이 함께 투쟁해오고 있습니다. 교육 부문의 비정규직을 정규직으로 전환하여 교육 활동에 전념할 수 있도록 하기 위하여 비정규 교수들과 학교 비정규직 노동자들의 파업을 포함한 대응들이 이어져왔습니다. 그리고 교육의 근본적 개편을 제시하면서 교육혁명을 대중화해온 교육혁명공동행동의 활동도 중단 없이 추진되어왔습니다. 2011년부터 진행된 교육혁명 대장정, 입시폐지대학평준화문화제, 그리고 교육봉기 등의 활동은 수년째 꿋꿋하게 진행되면서 근본적 교육 체제 개편의 필요성과 중요성을 널리 확산해왔습니다.

비록 2012년에 당면했던 과제가 지금까지 유효할지라도 우리는 2012년의 시점보다는 많이 전진해 있습니다. 교육 주체들의 노력과 국민들의 호응으로 우리는 교육혁명의 문턱까지 계속 전진하고 있습니다. 교육 시장화냐 아니면 교육 공공성이냐를 둘러싼 대립이 격렬할수록 낡은 교육의 한계는 분명히 드러나고 새로운 교육의 윤곽도 분명해지고 있습니다. 그만큼 새로운 교육의 시대가 가까워지고 있습니다.

그동안 우리가 실천을 통해 구체화하고 풍부하게 만든 대안들을 다시금 소개하고자 합니다. 교육 주체들의 운동, 진보 교육감의 교육 개편 등으로 이루어진 보다 분명하고 더욱 진보적인 성과와 자신감이 담긴 청사진을 제출합니다.

우리는 이러한 깃발과 설계도를 가지고 실천하며 대선과 지방선거가 있는 2017~2018년을 돌파해나갈 것입니다. 불과 몇 년 전만 해도 우리는 민주진보 교육감이 출현할 것이라고 생각하기 힘들었습니다. 하지만 2014년 교육감 선거에서 압도적 다수가 민주진보 교육감으로 당선된 것처럼 우리는 2~3년 후 교육혁명의 한복판에 다가가 있을지도 모릅니다. 우리의 고민과 실천이 국민들과 함께 계속되는 한 교육혁명의 입구는 멀지 않았습니다. 우리 함께 그 길을 뚜벅뚜벅 걸어갑시다.

2016년 8월

교육혁명공동행동 연구위원회

(김학한, 배동산, 배성인, 손지희, 이현, 이형빈, 임순광, 임재홍, 천보선, 홍성학)

1968년 프랑스 낭테르 대학을 점거하면서 시작된 대학생들의 시위
는 프랑스 교육을 근본적으로 변화시켰습니다. 대학생들의 시위는 고
등학생, 강사, 노동자들이 참여하는 전국적인 시위와 총파업으로 이어
지면서, 교육의 혁명적 변화를 일구어냈습니다. 68혁명 이후 프랑스에
서는 대학에 대한 전면적인 국립화가 진행되었고, 대학 서열 체제가
해소되었습니다. 대학 운영은 교수, 학생, 교직원이 참여하는 민주적
체제로 변화되었습니다. 10년제 무상의무교육제도가 확립되고 전기중
등교육을 단일화하여 교육 기회의 평등이 확대되었습니다. 그리하여
당시 소르본 대학의 담벼락에는 쓰인 '상상이 권력을 장악한다', '꿈을
현실로'라는 문구는 68혁명의 상징이 되었습니다.

『대한민국 교육혁명』은 한국 교육의 근본적 개편을 제기합니다. 경
쟁을 앞세워 학생을 서열화하는 입시 위주의의 교육과 결별하고 협력
에 기초하여 학생의 전면적 발달을 추구하는 교육으로 전환해야 함을
주장합니다. 한국 교육사를 관통했던 국가 주도의 독재적 교육 체제,

시장만능의 신자유주의 교육 체제를 폐지하고, 공공성과 민주주의에 입각한 새로운 교육 체제로 이행할 것을 주장합니다.

『대한민국 교육혁명』은 어느 날 갑자기 누군가의 아이디어에서 출발한 것이 아닙니다. 『대한민국 교육혁명』은 지난 십여 년간 진행되어 온 교육민주화운동과 교육공공성강화운동에 뿌리를 두고 있습니다.

2000년대 초반 교육 시장화 정책이 본격화되면서 교육시장 개방, 자립형사립고, 우열반 교육과정, 교원성과급 등 경쟁주의 교육정책들이 쏟아져 나왔습니다. 이러한 정책들은 한국 교육의 고질적인 문제인 대학 서열 체제, 입시 위주의 경쟁 교육을 더욱 고착화시키고 한층 격화시켰습니다. 이에 맞서 교원, 학부모, 학생 등 교육 주체들은 2003년 'WTO교육개방 저지와 교육공공성 실현을 위한 범국민연대(이하 범국민연대)'를 결성하였습니다. 범국민연대는 교육의 시장화와 상품화에 반대하는 활동을 전개하면서 대안적 교육 체제를 모색하였고, 논의의 결과를 담아 『공교육 새판 짜기』를 발간하였습니다. 『공교육 새판 짜기』는 대학 서열 체제 해체, 고교평준화 체제의 전국화, 초중등교육과 정의 전면 개편을 포함한 민중 진영의 종합적인 공교육 개편 방안이었습니다.

그러나 교육 공공성을 바라는 국민들의 열망과는 반대로 역대 정부는 신자유주의 교육 개편을 추진해왔고, 이명박 정부는 시장주의적 교육 개편을 완료하였습니다. 일제고사, 교원평가 등 경쟁주의 정책들이 교육을 점령하였고, 부유층을 위한 자율형사립고는 평준화 체제를 붕괴시켰습니다. 국립대학을 법인화하고, 사립대학을 기업화하는 정책들로 대학의 공공성은 더욱 빈곤해졌고 대학 서열화는 한층 견고해졌습니다. 경쟁과 수월성 추구가 교육의 중심원리로 들어섰으며, 교육 불평등은 심화되었습니다.

이러한 상황에 대응하여 교육 주체들은 신자유주의 교육 체제를 폐지하고 공공성에 입각한 교육 체제를 건설하기 위하여 2012년 '교육혁명공동행동'을 출범시켰습니다. 그리고 '교육혁명공동행동'은 신자유주의 교육에 대한 저지투쟁 과정에서 축적된 이론적·실천적 결과를 모아 공교육 개편 방안으로 『대한민국 교육혁명』을 제출하게 되었습니다.

『대한민국 교육혁명』은 2003년의 『공교육 새판 짜기』와 비교하여 몇 가지 측면에서 진일보하였습니다.

첫째, 교육에 대한 관점과 입장을 분명히 하였습니다. 경쟁과 수월성 추구의 교육, 상위 서열의 학교에 진학하는 입시 위주의 교육, 자본과 산업의 요구에 종속된 교육으로부터 협력에 기초한 인간의 전면적 발달을 교육의 방향으로 정립하였습니다. 이것은 비고츠키 교육철학 등 교육사상에 대한 연구 활동의 성과와 핀란드 등 협력과 발달에 기초한 세계 여러 나라의 교육 실천에 대한 검토를 바탕으로 이루어졌습니다.

둘째, 이명박 정부의 신자유주의 교육에 맞선 교육 주체들의 실천적 활동을 통해서 대학에서부터 유초중등교육에 이르기까지 대안과

정책들이 보다 구체화되고 풍부해졌습니다. 특히 대학 주체들의 법인화 반대 투쟁과 등록금 반값 운동으로 공공성에 입각한 대학 체제 개편의 모습과 경로가 분명해졌으며, 대학 체제 개편의 현실적 가능성도 한층 더 높아졌습니다.

『대한민국 교육혁명』은 교육혁명공동행동의 연구위원회의 여러 차례의 토론과 검토위원회의 논의를 거쳐 세상에 나오게 되었습니다. 그러나 그 내용의 많은 부분은 교육의 공공성을 강화하기 위한 교육단체의 이론적·실천적 노력에 터하고 있습니다. 많은 교육 주체들의 활동이 없었다면 우리는 아직도 경쟁 교육을 숙명으로 받아들이고 굴종하고 있을 것입니다. 따라서 이 책의 출간과 관련하여 직간접적으로 함께해 온 여러분께 특별히 감사의 인사를 드리고자 합니다.

교육혁명은 몇몇 사람의 관념 속에서가 아니라 이미 현실에서 대중과 함께 성장하고 있습니다. 국립대 법인화 반대와 대학 등록금의 인하를 요구하는 대학생들의 시위에서, 전임 교원의 충원을 촉구하는 비정규직 교수들의 투쟁에서, 서열화된 대학 체제와 대학입시를 거부하는 청소년들의 행동에서, 일제고사, 교원평가가 폐지를 요구하는 교원들의 투쟁에서, 고교평준화를 압도적으로 찬성하는 시민들의 여론에서, 민주진보 교육감의 등장에서, 무상급식과 교육복지를 요구하는 시민들의 염원에서…… 이미 교육혁명은 시작되었습니다. 1995년이 신자유주의 교육 개편이 시작된 해였다고 한다면, 정치적으로 역동하는 2012년은 새로운 교육 체제를 향하여 교육혁명이 닻을 올리고 출항하는 해로 기록될 것입니다.

2012년 3월
교육혁명공동행동 연구위원회

| 차례 |

개정판 서문 4
서문 10

I. 왜 교육혁명인가?

1. 한국 교육의 딜레마 23
2. 교육 패러다임의 혁명적 전환 27

II. 대한민국, 교육을 혁명하라 1(교육 체제의 새판 짜기)

1. 대학 서열 체제 타파, 길이 보인다
   -공동학위대학(대학연합체제의 구성) 39
   보론 1 | 정부의 대학 구조조정정책 비판 52
   보론 2 | 전문대학의 체제 개편에 대하여
          -고등직업교육과 평생직업교육의 중심 기관으로 육성 56

2. 대학입시 경쟁에서 벗어날 수 없는가?
   〈대학입학자격고사의 실시〉 60

3. 초중등교육의 개편과 혁신
   1) 차별 없는 중등교육은 가능한가?
      -'고교평준화의 확대'와 '통합중등학교체제'의 확립 69

   2) 혁신학교 운동, 초중등교육의 패러다임을 바꾸다 80
   보론 3 | 유아교육의 공교육화
          -3~5세 무상교육 89

4. 모두가 함께 발달하는 교육과정으로-협력 교육과정의 수립 94

III. 대한민국, 교육을 혁명하라 2 (공교육의 민주화)

1. 대통령이 바뀌면 교육이 바뀔까?-국가교육위원회 설치   111
2. 학교의 주인은 누구인가?-학교자치위원회와 대학평의회 설치   122

IV. 대한민국, 교육을 혁명하라 3 (교육의 공공성 강화)

1. 교육비를 학부모들이 내야 하나?-전면적인 무상교육 실시   135
2. 교실혁명은 어디에서부터 출발해야 하나?
   학급당 학생 수 감축(20-20)   146
3. 교육의 질을 떨어뜨리는 불안정 노동을 철폐하고
   비정규직 없는 학교 현장을 만들어가자-학교 비정규직의 정규직화
   1) 초중등교육 분야 비정규직 문제   154
   2) 대학교육의 절반-비정규 교수와 대학 비정규직 노동자   169
   보론 4 | 사회 변화는 교육의 변화를 자극한다
      -공공 부문 확대와 학력·학벌 차별 철폐   179
   보론 5 | 사교육비의 혁명적 감소, 어떻게 가능한가?   197

V. 교육혁명, 현실로 나오다

1. 교육 현장, 신자유주의 확산과 반대의 최전선이 되다   207
2. 교육혁명의 조건, 내·외부에서 무르익어가다   210
3. 교육혁명 회의론에 대한 답변   214
4. 교육혁명, 미생을 넘어   216

참고 문헌   218

I

왜 교육혁명인가?

해방 이후 급격하게 팽창해온 우리나라 공교육 체제는 폭발 직전의 임계지점에 도달하였다. 김영삼 정부에서 시작하여 이명박, 박근혜 정부에서 완결된 신자유주의 교육정책은 기존 교육 체제의 생명을 연장하기보다는 죽음을 재촉하는 극약처방이었음이 드러나고 있다.

　우리나라 교육의 팽창과 확대는 대부분의 교육비용을 학부모가 부담하는 방식으로 이루어졌다. 국가적 책임이 빈곤한 공공성 부재 위에 세워진 교육 체제이다. 또한 학력과 학벌이 사회적 계층 상승의 유력한 수단이 되면서 대학 서열 체제가 형성되었고 입시가 교육을 지배하였다. 이로 인해 학생들은 상위 서열의 대학에 진학하기 위해 살인적인 강도의 입시노동에 시달렸으며, 학부모는 과도한 사교육비 부담을 감내하여야 했다. 공교육 체제는 교육부·교육청·교장으로 이어지는 관료적 통제로 운영되었고, 교사의 자율성과 학생의 자주적 활동이 억압되는 비민주적 교육 체제였다.

　이러한 교육문제를 해결하기 위해 1995년부터 대안으로 등장한 것이 경쟁과 수월성 추구, 소비자 선택권을 앞세운 신자유주의 교육이었다. 그러나 신자유주의 교육은 한국의 교육문제를 해결하기보다는 극한으로 몰고 갔으며, 오히려 교육 공공성을 더욱 빈곤화하고 교육 불평등을 심화시키고 있다. 입시 위주의 교육으로 학생들은 여전히 과중한 학습노동에 시달리고 있다. 교원평가, 일제고사로 교사와 학생들의 경쟁은 늘어났으나 학교붕괴 담론은 학교폭력 담론으로 대체되었을 뿐 학교가 교육기관으로 제대로 서지 못하고 있다. 대학 서열 체제는 더욱 견고해지고 있으며, 한국 교육의 평등의 상징이었던 고교평준화 체제는 자율형사립고의 등장, 학교선택제의 도입으로 붕괴되고 있다. 대학이 보편 교육으로 변화되고 있지만 대학 등록금은 세계에서 두 번째를 차지할 정도로 비싸고, 대학 진학까지 세계에서 유례를 찾아볼 수 없을 정도로 막대한 사교육비는 지속되고 있다. 대학 졸업자들의 절반만이 취업하고 그중 절반만이 정규직으로 진출하고 있는 점입가경의 상황이 벌어지고 있다.

IMF 경제위기와 2008년 이후 세계경제위기를 겪으면서 진행된 사회적 양극화로 인해 비싼 등록금과 막대한 사교육비를 감당할 수 없는 지경이 되었으며, '특목고·자사고-명문대'로 이어지는 서열 체제로 인해 교육 불평등과 사회경제적 불평등의 대물림은 카스트제도만큼이나 고착화되고 있다.

이제 한국 교육에 대한 근본적 성찰과 교육원리에서부터 교육 체제에 이르기까지 전반적 전환이 요청되고 있다. 2014년 진보 교육감의 대거 진출, 협력 교육 담론의 대세화 등은 바로 교육 체제의 혁명적인 전환이 임박했음을 알리는 결정적 징후이다.

1.
한국 교육의
딜레마

'발달 결손'과 '발달 왜곡' 양산

한국 교육의 가장 본질적인 문제는 교육의 본래 목적인 '인간 발달'에 역행하는 데 있다. 교육은 모든 사람이 지니고 있는 인간적·문화적 발달 가능성을 전면적으로 발현시켜나가는 데 근본 목적이 있다. 전면적 발달은 지성, 감성, 의지, 신체의 모든 측면에서 잠재적 가능성이 최대한 개발되는 것이며 그럴 때 주체성과 창조성 역시 올바로 발현된다. 전면적 발달의 과정을 통해 개개인은 자신의 인간적 가치와 역량을 최대한 발현하고 사회적으로는 문화역사의 발전과 민주적 공동체를 실현해나갈 수 있다.

그러나 현재 한국 교육은 발달 잠재성을 제대로 꽃피우기는커녕 인간적 발달을 오히려 억압하고 있다. 한국적 상황에서 공부 잘하는 것과 인간적 발달은 전혀 별개이다. 치열한 학력, 학벌 쟁탈전 속에서 주입식 입시 교육, 인성교육 폐기, 과중한 학습과 사교육, 학교 부적응,

불평등과 부모 지위의 대물림 등 온갖 문제를 야기하고 있다.

무엇보다 중요한 것은 아동과 청소년 시기를 거치면서 자신의 흥미와 적성을 발견하고 살릴 기회를 지니지 못한 채 편향된 지필 시험에 갇혀 '발달 결손'과 '발달 왜곡'을 겪는다는 것이다. 학습 의욕과 흥미의 상실, 학교폭력과 왕따, 마마보이 현상 등 주체성의 상실, 가치관과 공동체성의 부재 등 온갖 비교육적 현상과 결과들이 이를 말해준다. 모든 사람들이 그토록 엄청난 에너지와 시간을 쏟아부으면서도 결국 얻는 것이 발달 정체와 왜곡이라는 점에 한국 교육의 딜레마가 있다.

협력은커녕 적대감만 키운다

협력적이어야 할 교육관계가 한국 상황에서는 거꾸로 적대적인 방식으로 구성된다. 학벌과 등수라는 제한된 목표와 가치를 놓고 벌이는 치열한 쟁탈전의 필연적 귀결이다. 치열한 경쟁은 단지 학생들 간의 관계만이 아니라 교사-학생-학부모-사회 모두의 관계를 대립적·적대적으로 만든다.

서열적 입시 교육은 보편적 교양교육과 감성, 인성교육의 실종으로 나타나며 학교와 사교육과의 대비로 학생, 학부모의 불신, 폄훼를 야기한다. 또한 학생들의 발달 단계 및 상황과 괴리된 교육 내용과 과다한 학생 수는 교사-학생관계를 협력이 아니라 관리와 통제라는 대립, 적대 관계로 만든다. 돌봄과 배려, 상호 존중의 조건은 날로 악화되고 있으며 교육관계의 근본마저 위협당하고 있는 상황이다.

학생 간 관계 역시 대립적이다. 학력과 사회적 지위, 내신의 배분을 둘러싼 제로섬 경쟁으로 서로 돕고 협력해야 할 동료 간 관계가 잠재적 적으로서 왜곡되고 있다. 그리고 이러한 협력과 연대감의 상실은 학교폭력의 온상이 된다.

나아가 교육관계의 적대화는 교사-학부모 관계의 왜곡, 자녀-학부모 관계의 훼손으로 확장된다. 학습자(학생)에 대한 이해라는 진정한 교육노동의 전문성이 형성되지 못하는 상황에서 교사는 학부모에게 입시 교육에 대한 요구도, 교양교육과 발달에 대한 요구도, 소통과 존중의 요구도 채우지 못하는 존재가 된다. 또한 대부분의 부모들은 자녀에게 선행 학습, 과잉 학습노동을 강요하고 소질과 희망에 맞는 발달보다 서열 사다리의 상층에 올라갈 것을 요구하게 되며 이는 자녀-학부모 관계마저 훼손하고 있다.

제로섬 게임: 소모적 고통과 실패

오직 성적과 승리만을 강요하는 소모적 경쟁은 교사, 학생, 학부모에 모두에게 엄청난 고통을 강요한다. 교사는 협력적 관계 파기와 교육노동의 소외 그리고 과중한 노동강도에 시달리며 학생은 인간적 발달 욕구를 억압당한 채 일상적 통제와 규제, 반복적 암기식 학습과 과잉 학습 시간으로 고통받는다. 학부모 역시 사교육비 고통, 가족관계의 왜곡에 놓이게 된다. 모두에게 엄청난 에너지와 재정을 쏟아붓는 고통스러운 과정이지만 대부분은 실패로 귀결될 수밖에 없으며 교육적으로는 무의미한 과정이다. 거꾸로 소중한 인간적·교육적 기회가 박탈당하는 과정일 뿐이다. 모두에게 강요되는 소모적인 경쟁 체제 속에서 다양한 차원의 가능성이 박탈되며 교육비 부담은 물론이고 행복추구권도 상실하게 된다.

발달 결손과 왜곡은 학령기만의 문제가 아니라 개개인의 사회적 삶전체를 왜소화, 왜곡하는 한편 사회 전체 차원에서는 민주주의와 문화역사 발전 역량의 정체를 가져오는 조건이 된다.

현재의 교육 시스템에서는 협력적 의사소통 기능이 제대로 형성되지 못한 채 청소년기를 경과한다. 의사소통이 원활하게 이루어지기 위해서는 타인에 대한 존중, 듣고 말하기, 매체 활용 등의 기능적 발달과 함께 개념적 사고체계와 민주적·협력적 과정 전체를 관통하는 의사소통이 필요하나 이 어떤 것도 학교교육 속에서 제대로 형성되지 못한채 사회로 진출한다. 이로 인해 많은 사람들은 매일 매일의 일상적 대화에서부터 사회적 차원의 의제에 이르기까지 민주적·협력적 의사소통에 어려움을 겪는다. 민주적 의사소통의 부재 속에서 사회적·정치적 담론 지형 역시 왜곡되기 쉽다.

창조성과 비판적 사고의 미성숙 등 학령기 발달 정체 문제는 고등교육과 학문 발전을 저해하고 문화적 창조성을 빈곤하게 만든다. 문화생산자로서의 발달 기회를 박탈당한 채 문화자본에 종속되는 문화 소비자가 양산될 뿐이다.

한때는 교육이 한국 사회 발전의 원동력이라고 칭해진 적이 있으나 이제 낡은 교육은 거꾸로 민주주의와 역사 발전을 가로 막는 걸림돌이 되고 있다.

2.
교육 패러다임의
혁명적 전환

세 가지 요소

기존의 왜곡된 교육을 극복하고 인간 본연의 발달 가능성과 가치
를 실현하고 민주적 공동체 사회를 전망하는 새로운 교육으로의 변화
를 이루기 위해서는 근본적이고 구조적인 개편, 즉 교육을 '혁명'하여
야 한다. 교육혁명은 교육철학과 원리의 전복, 교육 체제의 개편, 교육
과 사회의 관계 재정립 등 기존 교육의 전반적 전환을 의미한다.

첫째, 교육의 성격과 역할에 대한 관점과 방향이 근본적으로 변화
해야 한다. 자본이 교육 체제를 지배하고, 시험이 교육과정과 교육 내
용을 지배하고 학력과 학벌, 점수가 인간 가치를 규정하는 전도된 상
황은 전복되어야 한다. 교육이 인간의 서열을 매기면서 불평등한 사
회체제를 강화하고 정당화하는 역할을 하게 되는 상황 역시 혁파되
어야 한다. 교육은 이제 모든 인간이 지닌 발달 가능성과 가치 실현
에 초점을 두고 민주적 공동체를 꾸려나갈 수 있는 본연의 역할과 성

격을 되찾아야 한다. 이러한 변화는 교육을 바라보는 기본 관점과 방향의 변화, 즉 패러다임의 변화를 수반한다. 경쟁에서 협력으로, 선발에서 발달로, 1%를 향한 교육에서 모두를 위한 교육으로 변화되어야 한다.

둘째, 한국 교육의 시스템을 변화시켜야 한다. 기존 한국 사회 교육 시스템에서는 대학교육이 초중등교육을 지배하며 대학은 학벌로 불리는 서열구조가 근간을 이루고 있다. 이 같은 연쇄적 고리에서 대학 서열구조를 폐기하지 않는 한 서열적 대입 자체는 물론이고 중등학교의 0교시나 보충 같은 문제도 결코 해결되지 않는다. 대학 역시 서열구조와 자본의 지배 아래 학문적 토대 형성과 사회비판이라는 본래의 역할을 잃어버렸으며 사회 진출 기능마저 상실해가는 상황이다. 초중등교육은 극단적 왜곡, 대학은 전적인 실패 상황이다. 그러면서도 그 전적인 실패(대학)가 극단적 왜곡(초중등교육)을 지배하는 하나의 전체적 시스템을 이루고 있다. 현재의 기형적 교육 시스템을 두고서 교육의 개혁과 진보를 논하는 것은 무의미하며 어떤 방안도 비현실적이다. '교육 정상화'를 넘어선 '교육혁명'의 기치를 높이 내걸어야 한다.

셋째, 교육의 근본적 변화를 통해 사회 발전의 새로운 변화를 추구해야 한다. 교육혁명을 통한 한국 교육의 근본적 개편은 새로운 상생의 시대, 문화의 시대, 생태의 시대를 열어 나가기 위한 과정인 동시에 올바른 미래 사회를 담지할 주체 형성의 기초가 될 것이다. 진정한 인간 발달은 올바른 사회 발전과 결합, 통일된다. '함께 잘 사는' 미래 사회를 전망하는 협력적 교육관계 속에서 주체적이고 민주적인 인간 발달이 전면화될 때 새로운 시대 역시 비로소 현실로 펼쳐지고, 튼튼한

뿌리를 내릴 수 있게 될 것이다.

발달과 협력-교육의 새로운 키워드

교육의 목적과 교육의 본질은 인간의 전면적 발달이다. 발달은 새로운 사고기능, 실천적 기능의 형성과 발전이라는 질적 변화의 과정이다. 인간의 발달은 자발적 주의, 논리적·추상적 사고, 비판적 사유, 창조적 상상력, 심미적 정서, 도적적 감수성과 성찰 등 인간의식을 형성, 고양하는 과정이다. 교육이 추구해야 할 가치로 점수, 경쟁력, 학력, 학벌을 상정하는 교육의 패러다임과는 완전히 구분된다.

발달을 이와 같은 질적 변화로 이해할 경우 교육에 대한 관점은 완전히 새롭게 된다. 첫째, 발달의 관점에서 본다면 시험을 통해 '서열을 매기는 일'은 불필요한 일이다. 발달 단계가 다를 경우 비교한다는 것 자체가 성립하기 어렵고 발달 단계가 같다면 불필요한 일이 되기 때문이다. 중요한 것은 '어떤 새로운 기능이 형성되고 있다'거나 '성숙하고 있다'거나 혹은 '새로운 기능의 가능성이 있다'와 같은 개인의 발달 상황에 대한 올바른 진단이 문제가 된다. 평가는 점수와 같은 양적 평가가 아닌 질적 평가가 된다. 서열적 시험은 발달 상황에 대해 어떤 구체적 진단도 내려줄 수 없다. 협력의 차원에서 본다면 시험은 적대적이기까지 하다. 어떤 문제를 협력해서 해결해나가려 하고 있는데 그 것을 개별적으로 평가하고 서열을 매기는 것은 협력 자체를 파괴하는 일이다. "경쟁은 교육과 반대되는 것이다"라고 말의 의미는 바로 이것이다.

둘째, 결과가 아닌 가능성을 중시한다. 발달을 지향할 때 중요한 것은 당장의 결과 보다는 앞으로의 가능성이다. 가능성이야말로 이후의 교육적 실천과 연관된다. 물론 현재 상황을 이해할 때 이후의 가능성도 파악할 수 있다. 그러나 평가와 진단은 현재 상황을 점수로 나타내는 것이 아니라 발전 가능성에 대한 조건과 요소를 이해하는 것에 초점이 두어진다.

그런데 이런 인간적 가치의 실현은 '홀로'는 불가능하다. 인간으로 발달해가는 과정은 인간의 유전자를 가지고 태어났다는 사실만으로 가능하지 않다. 생물학적 가능성으로부터 인간으로서의 문화적 발달의 가능성을 창출해내기 위해서는 의식적이면서 체계적인 협력의 과정이 동반되어야 한다. 비고츠키 교육학에 의하면 인간 발달은 사회적 상호작용을 통해 이루어지고 사회적 상호작용은 성장하는 아동의 경우 크게 두 차원-교사 및 어른과의 상호작용 그리고 동료, 또래 집단과의 상호작용-으로 구성되는데 특히 또래 집단과의 상호작용이 중요하다. 또래 집단과의 상호작용 속에서 뒤처진 사람은 앞선 동료를 통해 효과적으로 도움을 받고 앞선 사람은 동료와의 관계 속에서 새로 획득한 개념이나 정신기능을 효과적으로 체화, 성숙시킬 수 있다. 따라서 둘 모두에 도움이 된다. 반면 경쟁적 관계에서는 뒤처진 사람이 도움을 받을 기회가 없을 뿐 아니라 앞선 사람도 제대로 소화하고 성숙시킬 기회를 가지지 못한다. 발달의 차원에서는 둘 모두에 보탬이 안 되는 것이다. 한국의 학생들이 엄청난 학습량에 비해 실제적 정신기능, 다시 말해 발달이 떨어지는 이유는 이것이다. 결국 동료와의 상호작용은 서로에게 보탬이 될 뿐 아니라 발달의 관점에서 본다면 경쟁보다 훨씬 효과적이다.

비고츠키교육학에서 협력은 도덕적 차원에서 바람직한 것이 아니라 올바른 발달을 위한 관건적 조건이자 과정이다. 인간의 발달과정에서 협력은 서로의 발달을 위한 조건일 뿐만 아니라 매우 중요한 교육적 목적이다. 이 때문에 특히 협력은 청소년기에 필요한 가장 중요한 기능이자 다른 기능의 발달을 주도하고 총화하는 역할을 한다. 따라서 인간의 발달을 교육의 목표로 지향하는 새로운 교육 체제는 경쟁 교육 시스템과 결별하고 협력의 원리에 따라 재구성되어야 한다. 경쟁이 야기하는 적대적 관계 속에서 인간의 전면적 발달은 지극히 어려운 일이다.

표 1-1_교육 패러다임의 전환

	경쟁 중심 교육 패러다임	발달 지향 협력 중심 교육 패러다임
인간 발달	수월성 추구 교육은 자본의 요구에 종속되어 이에 필요한 정도로만 인간 능력 계발 추구(이러한 입장을 표현한 프레임은 과잉 교육, 과소 교육, 학력 인플레 등)	발달은 교육의 중심 문제 발달은 인간의 보편적 권리이며 전면적 성격을 지니며 교육은 이를 추구해야 함
주요 기제	경쟁	모방과 (체계적) 협력
교육과정 구성 원리	지식의 위계(학문 중심) 경험의 제공(경험 중심)	고등정신기능의 형성
평가관	양적 평가(측정관) 실제적 발달 수준 확인 비교 및 서열화(변별력 중시)	질적 평가 학습자의 발달에 대한 이해가 목적 발달 가능성 중시 교수학습과정의 일부

공공성과 민주주의-교육 체제의 두 가지 기본 원리

　공교육은 사회 구성원의 계급, 성, 인종, 민족에 관계없이 인간의 발달을 이루고 사회의 유지와 발전에 기여하도록 사회가 공적으로 제공하는 교육이다. 따라서 공교육은 국민의 균등한 교육적 권리를 보장하고 사회 구성원의 교육적 평등을 실현하는 공공성에 입각해 이루어져야 한다. 이를 위해서는 공교육 운영에 국가가 재정적 부담을 감당하고 특정 계급의 일방적 지배가 아닌 사회적 합의에 기초한 보편적 교육이 이루어져야 한다. 그리고 사회의 발전과 함께 교육의 공공성은 지속적으로 강화되어야 한다.

　그러나 신자유주의는 교육에 대한 국가의 책임을 회피하고 민간에 이전시키고 시장원리에 맡겨왔다. 신자유주의는 공교육의 영역을 축소하고 공교육 내에서도 기회의 차별화라는 양상으로 민중의 교육적 권리를 후퇴시켜왔다. 그 결과 학교의 상품화가 진행되면서 상류층의 사립학교와 민중의 질 낮은 공립학교로 양극화되어왔다. 더욱이 우리나라는 교육에 대한 국가의 책임 수준이 낮아서 사립학교의 비중이 높고 사부담 공교육비가 높은 상황이다. 낮은 교육의 공공성은 학교 서열화 체제의 고착화, 교육 불평등의 심화로 이어지고 있다.

　따라서 새로운 교육 체제는 교육에 대한 국가의 책임을 높여 사회 구성원의 균등한 교육적 권리를 보장해주어야 한다. 유아교육의 공교육화와 평생교육에 대한 국가적 책임을 확대하고, 무상교육을 전면적으로 추진해야 한다.

　그런데 교육에 대한 국가의 책임의 강화가 관료적 통제의 강화로 귀

표 1-2_교육 공공성에 입각한 기본 학제

시기	주요 과제
취학 전 교육 (보장)	보편적 복지의 원칙하에 보육비 전액 국가 지원 공공 보육 시설 확충
유아교육 (3년 무상)	전 생애적 발달의 기초인 유아교육의 공교육화
초중등교육 (6+6 의무)	선발 경쟁으로 왜곡된 초중등교육의 정상화 전후기 중등 통합을 통한 중등교육 평준화
고등교육 (2~6 보장)	대학교육의 공공성 강화로 대학 서열 체제 해소 학문 연구의 협력 네트워크 구축으로 학문 역량의 재구성 직업대학 체제의 재정비
성인교육 (보장)	발달의 지속성을 위한 성인교육 시스템의 재정비(대학 개방 및 사회교육기관의 공공성 강화 등) 및 문화적 인프라 확충

결되어서는 안 될 것이다. 독재적 교육 체제하에서는 교육 주체들의 참여와 민주적 과정을 통해 교육 활동이 이루어지는 것이 아니라 교육부, 교육청의 관료의 지시와 통제에 의해 지배되었다. 이 과정에서 인간 발달을 지향하는 교육 주체의 자율적이고 다양한 교육 활동들은 억압되었다.

또한 교육에 대한 국가의 책임을 약화시키는 신자유주의는 공동체가 행사해야 할 교육정책 결정권을 시장에 넘겨주고 있다. 결과적으로 교육 주체에 의한 학교의 민주적 운영이 아니라 자본에 의한 학교의 지배로 귀결되고 있다. 따라서 새로운 교육 체제는 학교에서부터 교육부에 이르기까지 교육정책의 결정이 교육 주체들의 참여에 의해 이루어질 수 있도록 민주주의가 확장되어야 한다.

교육 체제의 전반적 개편

현재의 교육 체제는 1995년 '신교육 체제 수립을 위한 교육개혁안'에 입각하여 완결된 신자유주의 교육 체제이다. 대학은 사립대학이 압도적인 가운데 국립대학의 법인화가 추진되고 있고 대학 서열 체제는 고착화되었다. 고교 체제는 특목고에 이어 자율형사립고가 등장하여 고교평준화 체제를 해체하고 '특목고-자사고 체제'를 구축하였다. 초중등교육은 대학입시에 종속되어 입시 위주의 교육으로 파행화되고 있고 교육과정은 영·수·국 중심의 교육과정, 우열반 교육과정으로 편성되고 있다.

이에 따라 교육을 통한 발달 가능성의 축소와 왜곡, 학문 발전 토대의 축소 등 교육 본연의 기능을 상실해가고 있으며, 과잉 경쟁, 사교육의 범람, 과중한 교육비 등 교육 고통만 확대되고 있다.

이제 우리나라의 교육 체제는 교육의 본질이 실현되고 공교육의 성격에 부합하는 교육 체제로 개편되어야 한다. 인간의 전면적 발달을 지향하며 교육 주체들의 협력이 고양되도록 개편되어야 한다. 유·초·중등교육을 넘어 대학까지 국가가 책임지는 무상교육 확대 계획을 수립, 실현해야 한다. 학교자치가 이루어지도록 민주적 학교제도를 수립하고 국가교육위원회를 설치하여 국가 수준에서 민주적 정책결정이 이루어지도록 해야 한다.

국립대학을 확대하고 사립대학 중 상당수를 '정부지원사립대학'으로 전환하여 대학의 공공성을 높이고 이를 바탕으로 대학 서열 체제를 해소한다. 외고-자사고를 일반고로 전환하고 고교평준화 체제를 재

그림 1-1_현 교육 시스템의 구성과 흐름

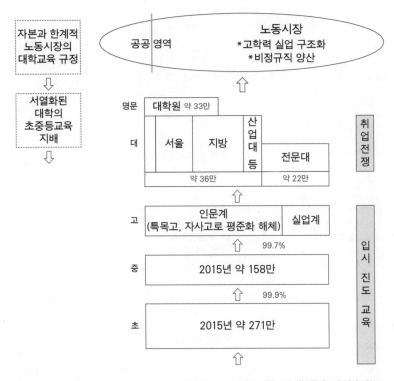

참고 자료: 2015년 교과부 교육기본통계조사 결과 발표

정립하여 학교의 균형 발전을 이루도록 한다. 학생의 전면적 발달이 이루어질 수 있도록 발달과 협력에 기초한 교육과정을 구성해야 한다. 일제고사와 같은 경쟁 지향, 비교 중심 평가 패러다임을 폐기하고 발달 지향의 질적 평가로 전환해야 한다.

그림 1-2_공공성, 민주주의 원리에 입각하여 운영하는 발달 지향 협력 교육 시스템

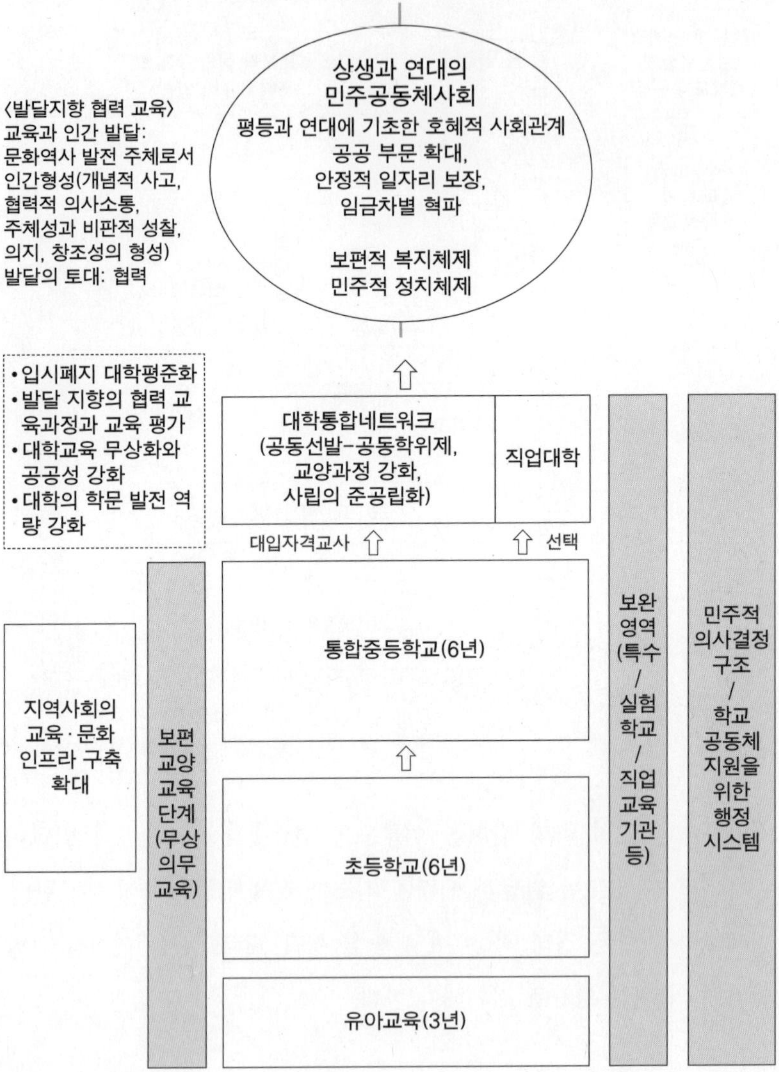

〈발달지향 협력 교육〉
교육과 인간 발달:
문화역사 발전 주체로서
인간형성(개념적 사고,
협력적 의사소통,
주체성과 비판적 성찰,
의지, 창조성의 형성)
발달의 토대: 협력

**상생과 연대의
민주공동체사회**
평등과 연대에 기초한 호혜적 사회관계
공공 부문 확대,
안정적 일자리 보장,
임금차별 혁파

보편적 복지체제
민주적 정치체제

• 입시폐지 대학평준화
• 발달 지향의 협력 교
  육과정과 교육 평가
• 대학교육 무상화와
  공공성 강화
• 대학의 학문 발전 역
  량 강화

대학통합네트워크
(공동선발-공동학위제,
교양과정 강화,
사립의 준공립화)

직업대학

대입자격교사 ⇧   ⇧ 선택

지역사회의
교육·문화
인프라 구축
확대

보편
교양
교육
단계
(무상
의무
교육)

통합중등학교(6년)

⇧

초등학교(6년)

유아교육(3년)

보완
영역
(특수
/
실험
학교
/
직업
교육
기관
등)

민주적
의사결정
구조
/
학교
공동체
지원을
위한
행정
시스템

II

대한민국, 교육을 혁명하라 1
(교육 체제의 새판 짜기)

1.
대학 서열 체제 타파,
길이 보인다
─공동학위대학(대학연합체제)의 구성

모든 나라에 일류 대학이 있을까?

세계의 유명 대학을 떠올려보자. 미국의 하버드와 예일, 영국의 옥스퍼드와 케임브리지, 일본의 도쿄 대학이나 와세다 등을 떠올릴 것이다. 그런데 프랑스나 독일의 유명 대학은 왜 안 떠오를까? 그것은 그 나라들에 일류 대학이 없기 때문이다.

한국의 대학은 SKY(서울대, 연세대, 고려대)로 대표되는 서울 소재 명문 대학 → 서울 소재 대학 → 수도권 대학 → 지방 국립대학 → 지방 사립대학 및 전문대학 순으로, 거의 모든 대학을 한 줄로 세울 수 있을 정도로 극단적으로 서열화되어 있다. 대학이 서열화되어 있는 나라 중에서도 이런 극단적인 서열화는 찾아보기 힘들다.

극단적인 대학 서열화로 인해 초중등교육은 명문대 진학을 위한 입시 교육으로 망가지고 있다. 명문대 진학을 위한 사교육비는 천문학적 규모로 증가하고 있다. 또한 서열화로 인해 대학의 교육과 학문 연구의 발달은 정체되고 있다. 상위 서열 대학은 입시 성적이 좋은 학생은 선발하는 데만 골몰하고, 하위 서열 대학은 처음부터 의욕을 상실하고 있다. 대학 간의 협력은 찾아보기 힘들다. 또한 대학 졸업 이후에는 학벌사회의 재생산으로 이어지고 있다.

한마디로 명문대에 진학하기 위해 학생들은 과중한 입시 중심의 학습노동에 시달리고, 학부모는 막대한 사교육비로 신음하고 있다. 또한 서열화로 인해 학교는 영·수·국 위주의 입시 교육에 매달리고 있다. 아무리 그럴듯한 교육 개혁을 추진하여도 입시 경쟁의 블랙홀에 모두 빨려들어 갈 수밖에 없다.

대학 서열 체제는 우리나라 교육문제의 핵심적인 원인이다. 또한 대학 서열 체제의 해체 없이는 교육에 있어서 어떤 변화도 불가능하다.

그런데 이러한 대학 서열 체제는 모든 나라의 필연적인 숙명인가? 그렇지 않다. 대학 서열 체제를 유지하고 있는 대표적인 나라는 미국과 일본이고 유럽의 대부분의 국가들은 대학평준화 체제를 유지하고 있다. 오히려 대학 서열 체제는 세계적으로 볼 때 소수이고 다수는 대학평준화 체제이다. 그렇다면 유럽의 대부분의 국가들이 대학평준화 체제를 유지하고 있는 비결은 무엇인가? 반대로 우리나라, 일본, 미국이 치열한 대학 서열 경쟁을 하고 있는 이유는 무엇인가? 그것은 대학 공공성의 차이에서 비롯된다. 즉 대학 공공성이 높은 나라일수록 대학평준화 체제를 유지하고 있고, 대학의 공공성이 낮은 나라일수록 대학이 서열화되어 있다. 대학 공공성을 판단하는 대표적 지표인 대학의 지배구조(소유구조)를 살펴보면 이는 분명해진다.

표 2-1_ 각 국가의 대학의 소유 구조 비교

구분	대학교 및 대학원 전일제 등록생 해당 비율		
	국공립학교	정부책임형 사립학교	독립형 사립학교
	(1)	(2)	(3)
한국	24	a	76
호주	97	a	3
오스트리아	87	13	m
벨기에(플란더즈어권)	51	49	m
벨기에(프랑스어권)	33	67	m
캐나다	100	m	m
체코	87	a	13
핀란드	82	18	a
프랑스	87	5	8
독일	97	3	x(2)
아이슬란드	79	21	n
아일랜드	97	a	3
이탈리아	92	a	8
일본	25	a	75
멕시코	66	a	34
네덜란드	m	a	m
뉴질랜드	97	2	1
노르웨이	86	14	x(2)
폴란드	87	a	13
슬로바키아	96	a	4
스페인	87	a	13
스웨덴	92	8	n
스위스	99	m	1
영국	a	100	n
미국	68	a	32

*m은 자료가 해당 국가에서 수집되지 않았거나 무응답 때문에 입수 불가능함을 의미함.
*n은 자료의 크기가 무시할 정도로 작거나 0임을 의미함.
*a는 이 항목이 적용되지 않기 때문에 자료가 해당되지 않음을 의미함.
*x(3)의 의미는 자료가 3열에 포함되어 있음을 의미함.

사립대가 많으면 무슨 일이 일어날까?

OECD에 의하면 독립 사립대의 비중이 높은 나라는 한국(76%)-일본(75%)-멕시코(34%)-미국(32%) 순이다. 우리나라의 경우 일본과 함께 사립대학의 비율이 압도적으로 높다. 이에 비해 독일, 프랑스, 스웨덴 등 유럽의 나라들은 대부분이 국공립대학의 비율이 80% 이상이다. 그런데 국공립대학의 비중이 높은 유럽의 대부분 나라들은 대학이 평준화되어 있고, 이에 비해 사립대학의 비중이 높은 한국, 일본, 미국은 대학이 서열화되어 있다. 이러한 지표가 가리키는 것은 대학 공공성이 낮은 나라일수록 서열화된 대학 체제를 가지고 있다는 것이다. 국립대가 많은 나라들의 경우, 정부가 국립대학에게 동일하게 지원하고 국가의 책임 하에 균등 발전을 추진하고 있기 때문에 대학이 평준화되어 있으며, 대학의 서열 체제가 존재하지 않는다. 이에 반해 독립 사립대가 많은 나라들의 경우 대학들은 제각기 생존과 지위 상승을 위한 서열 경쟁에 매달리게 될 수밖에 없으며 대학 서열화는 점점 더 견고해질 수밖에 없다. 결국 대학 공공성과 대학 서열화는 역의 상관관계를 갖고 있다.

우리나라 대학의 서열 체제를 해소하기 위해서는 기본적으로 대학 공공성을 강화하여야 한다. 대학 공공성이라는 토대를 잘 닦아야 대학 서열 체제를 해소할 길이 보이는 것이다. 대학에 대한 정부의 책임을 강화하지 않고 대학 서열 체제가 해소되기를 바라는 것은 산에서 물고기 잡으려는 격이다. 사립대의 비중이 높은 우리나라에서 대학 공공성을 높이는 현실적인 방법은 독립 사립대학을 정부지원대학[1]으로 개편하면서 공공성을 높이고 국립대를 지속적으로 증가시키는 것이다. 이는 국립대학을 민영화(법인화)하고 사립대학을 상업화해온 그동안의 신자유주의적인 대학정책을 중단하고 고등교육에 대한 공적 책임public responsibility을 높이는 것이다.

그런데 이러한 공공적 대학 체제로의 변화는 이미 물꼬가 열렸다. 2011년에 서울대 교육 주체들의 서울대 법인화 저지 투쟁과 일 년 내내 지속된 대학생들의 반값 등록금 투쟁으로 한국 교육은 공공성에 입각한 대학 체제 개편의 길로 가장 어려운 첫걸음을 내디뎠다. 서울대 법인화 저지 투쟁은 민영화가 아닌 공공성 강화에 입각한 대학 체제 개편을 현실의 요구로 등장시켰다. 또한 대학 등록금 반값 인하 투쟁으로 1조 7500억이라는 국가의 돈이 대학에 투입되고, 서울시립대의 경우 서울시가 대학 등록금의 반을 분담하는 등 대학에 대한 사회의 공공적 책임성이 높아지고 있다.

이러한 상황은 공공성에 입각한 대학 체제 건설을 상상의 차원에서 현실의 영역으로 이동시키고 있다. 이런 상황에서 대학 서열 체제의 근본적인 해소 방안인 '대학연합체제'[2]의 건설은 한층 더 탄력을 받게 되었다.

---

1. 정부지원대학이란 대학 운영 경비를 정부에서 지원하면서 정부정책을 받아들이는 사립대학을 말한다. 다른 표현으로는 정부책임형사립대학 혹은 공영사립대학이 있다.
2. 대학연합체제란 입학, 커리큘럼, 학위를 공동으로 운영하는 대학의 연합 방식을 말한다. 다른 표현으로는 대학통합네트워크가 있다. 우선적인 대학연합체제의 결성은 국공립대부터 시작될 가능성이 크기 때문에 이를 국공립대통합네트워크라고도 불렀다. 그런데 교육부에서 국립대 정책으로 국공립대 통폐합 정책을 집행했고 통합하는 국립대학들에 대해서 재정적 지원을 하면서 국공립대 통합정책에 대한 부정적 시각이 강해졌다. 이를 감안하여 이 글에서는 통합네트워크라는 대신 연합체제라는 표현을 사용한다.

대학문제의 해결, 대학평준화로만 가능하다.
-대학연합체제(공동학위대학) 건설

대학연합체제 방안은 크게 세 가지 핵심 요소로 구성되어 있다.

첫째, 국공립대를 확대하고 독립 사립대를 정부지원사립대로 전환하여 대학의 공공성을 높이고, 둘째, 대학연합체제의 대학들은 독일, 프랑스처럼 대입자격고사를 통해 학생을 공동으로 선발하고 공동학위를 부여하며, 셋째, 대학의 연구와 학문 발전을 위하여 권역별 연구연합체제를 구성한다.

▶공공적 대학 체제 개편(대학연합체제)의 기본 방향

- 국공립대와 준공립대(정부지원사립대학) 확대
  → 대학 공공성 강화, 고등교육 재정 확대
- 공동선발, 공동학위제 시행
  → 대학 서열 체제 완화, 초중등교육 정상화, 대학의 균형 발전
- 교육과 연구를 위한 대학 협력 체제 건설
  → 교양과정 강화, 권역별 대학과 대학원의 협력과 특성화 확대

대학연합체제의 첫 번째 단계는 대학 체제의 공공성 강화이다. 국립대 법인화, 대학 상업화를 중단하고 공공적 대학 체제를 구축한다. '국립대'의 공공성을 강화하고 비리·부실 사립대를 국공립화하며, 사립대에 대한 정부의 재정 지원을 강화하여 '정부지원사립대학'을 확대한다. '독립 사립대'가 존재할 수 있으나, 장기적으로 공공적 대학연합

체제에 편입되도록 추진한다.

그림 2-1_공공적 대학 체제 개편으로 전환

신자유주의 대학 개편

법인대학	사립대

↑법인화(민영화) ↑상업화 ⇨

국립대	사립대

공공적 대학 개편

국립대	정부책임형 사립대학	독립 사립대

↑ 공공성 강화

국립대	사립대

대학의 공교육 체제로의 전환이라는 원칙에 따라 국립대와 정부지원사립대학들을 '대학연합체제'에 편입시킨다. '대학연합체제'에 편입되는 사립대학들에 대해서는 현재의 사립중등학교와 동일한 방식으로 재정 지원을 한다. 대학에 대한 재정 지원을 바탕으로 대학의 공공성을 강화해나간다. 자본에 종속되지 않고 사회 발전과 학문발전에 부응할 수 있는 교육과정을 마련하고, 대학 운영에 대학 주체의 참여를 확대하여 대학 운영의 공공성 확보할 수 있도록 한다.

두 번째 단계는 공동학위대학 체제의 건설이다.

'대학연합체제'는 대학에 대한 국가적 지원과 책임을 바탕으로 학생을 공동 선발하고, 학점을 교류하며, 공동학위를 수여한다. 이를 통해 대학을 국립대와 정부지원사립대가 결합한 공동학위대학과 독립 사립대학으로 구분하며, 공동학위대학들은 사실상 평준화시킨다.

대학연합체제의 학부과정은 현행처럼 4년으로 하되 대학 1기 과정(1년)은 교양과정으로 운영하며, 인문사회계열과 자연계열 두 계열만

두고 2기 과정(3년)은 학부제로 운영한다. 법대, 사범대, 의대, 약대, 경영대 등 전문직을 위한 학부과정을 폐지하고, 이 과정들을 전문대학원에 설치한다. 이를 통해 선호도가 높은 학과에 입학하기 위한 대입경쟁을 근원적으로 차단하고 대학의 균형 있는 학문 발전을 꾀할 수있다. 대학연합체제의 운영의 기본 틀은 아래의 도표와 같다.

▶대학연합체제의 운영의 기본 방향

(1) 신입생 선발 단위는 대학별·학과별이 아니라 전체 대학연합 총 정원으로 한다.

(2) 대학입학자격은 고교 내신 성적과 계열별 대학입학자격시험을 통해 선발하며 수능시험은 대입자격시험으로 대체한다.

(3) 대입 자격을 획득한 학생들은 먼저 1, 2, 3지망으로 대학을 지원해 배정받고, 배정은 거주지별 배정을 원칙으로 한다.

(4) 전공과정 진학은 희망하는 학과를 지원하도록 하되, 전공별로 학위 수여 정원을 두고 정원 초과 인원에 대해서는 지속적으로 전과를 추진한다. 전공과정 진학 시 특정 캠퍼스에 집중도가 높을 경우 교양과정 이수 성적 등을 고려하여 배정한다.

(5) 대학연합의 대학 운영은 대학 자치의 원리에 따라 자율적으로 운영하며, 학점 취득은 연합 내에서 개방한다.

(6) 대학연합의 모든 졸업생에게 전공이 표시된 동일한 통합학위를 수여하여 대학 서열 체제를 해소한다.

(7) 일반대학원은 학부과정의 성적을 중심으로 신입생을 선발하되, 구체적 전형 방법은 학과별 특성을 고려하여 자율적으로 결정한다.

(8) 전문대학원도 학부과정의 성적을 중심으로 선발하며, 지역균형인재 등용제도의 취지에 따라 동일 학구의 학부 출신에게 우선권을 부여한다.

대학연합체제(대학통합네크워크)는
대학을 하향 평준화하지 않을까?

대학연합체제는 소극적으로 대학 서열 체제 해소만을 목표로 하는 것은 아니다. 한국의 대학들은 교육이나 학문 연구에 있어서 만족할 만한 수준에 있지 못하다. 대학연합체제는 기존의 대학 간 경쟁 체제를 협력 체제로 전환시켜 대학의 교육 기능과 학문 연구 기능을 획기적으로 향상시키려는 목표를 가지고 있다. 대학연합체제는 대학 간 서열 경쟁에 기초한 수공업적 교육-연구 체제를 권역별 연합을 통한 협력적 교육-연구 발전 시스템으로 전환하는 것이다. 이는 대학연합체제의 대학평준화가 하향 평준화가 아니라 교육과 학문 연구 발전의 새로운 동력으로 작동한다는 것을 의미한다.

대학연합체제는 첫째, 모든 대학에 1년의 교양과정을 설치하여 운영한다. 이를 통해 대학에서 최근에 죽어가고 있는 전문 교양교육의 영역을 확대하고 기초 학문 발전의 토대를 강화한다(교양교육의 기한은 사회적 논의에 기초하여 연장해나갈 수 있다).

둘째, 전임교수 비율의 확대, 국가박사제도의 운영, 연합체제 대학 간의 인적-학문적 교류의 확대(교수진의 교류의 활성화, 대학 간 학점 이수 인정) 등을 통해 전공 교육을 내실화한다. 연합체제 대학 간의 교류가 활성화되면, 캠퍼스별 특성화를 추진한다.

셋째, 권역별로 연구연합체제를 구축하여 대학원 과정에서 심화된 연구와 학문 발전이 이루어질 수 있도록 한다. 대학원의 권역별 연합체제는 대학 캠퍼스를 넘어 교수-대학원생의 공동 교육-연구 체제를 권역별로 구축하는 것을 목표로 한다. 이것이 실현되면 분과학문의 연구를 활성화할 수 있는 일정 규모의 인력풀을 확보함으로써 연구의 수공업성을 극복하고 연구의 전문화, 규모화를 이룰 수 있다. 이러한 연구 진영의 협력 체제를 구축함으로써 학문 발전의 새로운 동력을 확보하고 경쟁 패러다임을 넘어서는 새로운 학문 발전의 패러다임을 구축할 수 있다.

넷째, 전문대학원(1~4년)은 해당 대학원이 요구하는 과목에 대한 최소 학점을 이수한 학생을 대상으로 선발하며, 전공 이수과정에서의 내신 성적을 근거로 하여 선발한다. 이를 통해 학과의 균형 발전 추구하며 전공 과정의 내실화를 꾀한다.

(우리 사회는 더 이상 대학 과정 내내 법만 공부하고 사법고시만 준비한 법관이 필요 없다. 사회과학에 조예가 깊어 사회정의를 판단할 수 있는 법관이 필요하다. 마찬가지로 자기 전공 지식만 가지고 있는 교사는 더 이상 환영받을 수 없다. 철학과 문학과 심리학에 심취하여 인간을 이해할 수 있는 교사가 필요하다. 그런 의미에서 전문대학원은 자기 분야의 좁은 시야만 가진 편협한 전문가가 아니라 인간과 사회를 이해할 수 있는 깊은 교양을 가진 전문가를 양성하기 위해 필요한 제도이다.)

대학연합체제는 대학의 평준화를 지향하는 대학 체제이다. 대학의 특성상 고등학교평준화처럼 일거에 평준화를 할 수는 없지만 대학연합체제는 대학의 상향 발전을 추진하면서도 우리나라의 입시 문제, 학벌 문제 등 핵심적인 문제들을 해소할 것이다.

그림 2-2_고등교육의 상향적 발전 체제

기초 학문 연구 분야 고용 창출+공공 부문 고용 창출 (비정규직의 정규직화 추진)			
일반대학원 (연구연합체제 구축)	전문대학원(1~4년)		'교양과정 강화 ⇒ 기초 학문 및 전공과정 강화 ⇒ 대학원의 협력적 연구연합체제 구축'을 통한 상향적 발전 체제 구축
일반 전공과정(3년)			
교양과정(1년)		전문대학(2~3년)	

새로운 대학 체제 어떻게 건설하나

대학연합체제의 건설과정은 난관이 많겠지만 기본적인 건설 경로는 간단하다. 국립대학과 정부지원사립대학들이 대학연합체제에 참여하도록 하고, 입시제도와 대학제도를 이에 맞추어 변경하면 된다. 이때 대학 서열의 정점에 있는 서울대를 참여시키는 것과 수도권 지역의 사립대를 결합시키는 것이다.

첫째, 서울대의 대학연합체제의 결합에 대해 시장주의자들과 학벌주의자들이 거세게 반대할 수 있다. 이것을 극복하기 위해서는 국립대학 주체들의 적극적인 참여를 추동하고 법적·제도적 정비를 신속하게 추진해야 한다. 이명박 정부 때 추진한 국립대법인화 정책에 대한 저지 투쟁 과정에서 국립대 주체들은 대학의 공공성에 입각한 새로운 대학 체제를 대안으로 모색해왔다. 이 때문에 국립대가 대학연합체제로 이행에 대한 동력은 상당히 폭넓게 형성되어 있다.

대학연합체제에서 서울대학교는 학부과정은 서울시립대, 서울과기대 등과 마찬가지로 대학연합 서울지역 캠퍼스로 운영한다. 그리고 서울대의 풍부한 시설과 연구 인력을 중심으로 수도권 대학원 연합체제를 구성하고, 대학원 교육을 선도할 수 있도록 한다.

둘째, 서울과 수도권의 경우 국립대 비중이 매우 낮기 때문에 이 지역 사립대의 참여를 이끌어내는 것이 필요하다. 특히 일부 상위 서열의 사립대학들이 사학의 자율성과 대학의 경쟁력을 내세우며 대학연합체제에 참여를 유보할 가능성도 존재한다. 따라서 사립대학들의 참여를 유도, 견인하는 다양한 정책 및 정부의 일관된 제도적·정책적 활동을 전개해야 할 것이다. 이를 위해서는 여러 가지 정책적 수단이 종합적이고 집중적으로 사용되어야 한다.

대학연합체제는 우리 교육의 고질적 문제를 해소할 수 있을 뿐만 아니라 국민들의 교육 개편 요구에 완전히 부응하는 방안이다. 왜냐하면 대학연합체제를 통해 1) 입시 경쟁 교육으로 왜곡되는 초중등교육을 정상화할 수 있으며, 2) 사교육비를 대폭 축소할 수 있으며, 3) 대학 서열화와 학벌사회를 폐지할 수 있으며, 4) 지방 국립대 및 권역별 연합체제의 활성화를 통해 지방의 균형 발전에 기여할 수 있기 때문이다. 대학연합체제는 대한민국 교육혁명의 성공을 위해 확고하게 추진되어야 할 핵심 정책이다.

▶사립대의 대학연합체제로의 이행

- 대학연합체제 참여 대학을 전기 대학으로 배치하여 대학입시에서 학생을 우선 선발하도록 한다. 이를 통해 상위권 학생들이 대학연합체제에 지원하도록 하여 기존의 대학 서열 체제에 근본적인 변동을 일으킨다.
- 대학연합체제의 입학시험인 대학입학자격고사는 대학연합체제대학 지원 학생을 대상으로 실시하며, 독립 사립대에 대해서는 대입자격고사 성적을 제공하지 않는다. 그리고 고등학교에서 입시 교육은 대입자격고사 대비를 넘어서지 않도록 감독하고 고교교육과정이 정상적으로 운영될 수 있도록 지도한다.
- 대학연합체제 참여 대학(사립대학 포함)에 대해서는 법정교원 확보 및 교원, 교직원에 대한 임금 지급, 고교 수준으로 대학 등록금 인하를 실시한다. 이를 통해 사립대학의 교수, 학생, 교직원들의 적극적인 참여를 이끌어내고 대학 체제 개편의 주력군으로 참가하도록 한다.
- 법학, 행정학, 교육학대학원과 의학, 치의학, 수의학대학원 등 전문대학원 정원을 지역별로 인구비례로 배정하고, 점차적으로 대학연합체제에 참여하는 대학들에 전문대학원을 설치하도록 한다.
- 서울과 수도권에서 사립대의 참여 추이를 보면서 대학연합체제 출범 준비기에 국립대를 신설한다. 국립대를 세우더라도 수도권 지역의 대학 총 정원은 유지하여 독립 사립대의 정원을 축소한다.
- '사립고등교육기관의 구조개선에 관한 특별법'을 제정하여 정부지원 사립대학을 육성할 수 있도록 하여 사립대학의 공공성을 강화하도록 한다.

정부의
대학 구조조정정책 비판

　이명박 행정부부터 박근혜 행정부에 이르기까지 대학을 평가하여 퇴출시키려는 대학 구조조정이 지속되고 있다. 하위 등급의 평가를 받는 대학에 대해서 정원을 축소시키고 퇴출을 유도하겠다는 것이다.

　이러한 대학 구조조정의 근거로 고등학교 졸업생 수가 줄어들어 현재의 대학정원이 과잉될 것이라는 점을 제시한다. 우리나라의 출산율 저하로 인해 2018년이 되면 대학 정원이 고등학교 졸업생 수보다 초과하게 되고, 2023년에는 지금보다 대학 입학생 수가 16만 명이나 감소한다는 것이다.

　박근혜 행정부의 구조조정계획은 모든 대학을 대상으로 5단계로 등급화하고 단계적·차등적으로 정원 감축을 진행하여 2023년까지 대학 입학 정원을 16만 명으로 감축하겠다는 것이다.

표 1_5개 등급별 구조개혁 조치

대학의 등급	정원 감축 방식	재정 지원 사업
A	정원 자율 감축	정부 재정 지원 사업 참여
B	정원 일부 감축	정부 재정 지원 사업 참여
C	정원 평균 수준 감축	정부 재정 지원 사업 참여
D	정원 평균 이상 감축	재정 지원 제한(국가장학금 II 유형 미지급 + 학자금 대출 일부 제한)
E	정원 대폭 감축/퇴출, 자발적 퇴출 유도	재정 지원 제한(국가장학금 전체 미지급 + 학자금 대출 전면 제한)

구조개혁 추진 기간(2014~2022)을 3주기(1주기 3년)로 나누고 각 주기 내 평가를 통해 아래 표와 같이 감축 목표량까지 제시하고 있다.

표 2_주기별 정원 감축 목표(안)

평가 주기	1주기('14-'16)	2주기('17-'19)	3주기('20-'22)
감축 목표량	4만 명	5만 명	7만 명
감축 시기	'15-'17학년도	'18-'20학년도	'21-'23학년도

그러나 이 방안에는 대학 정원의 감축만이 있을 뿐, 대학의 공공성을 강화하고 대학교육의 질을 높이는 계획이 없다. 단지 대학 구조조정을 선제적으로 추진하여 대학 노동자들을 장기간에 걸쳐 해고하거나 비정규직으로 교체하여 충격을 분산키는 것에 불과하다. 오히려 이러한 계획은 현재 우리 대학의 파행 상태를 더욱 심각한 수준으로 몰고 갈 것이다.

첫째, 대학 평가를 통한 박근혜 정부의 정원감축정책은 고등교육의 황폐화를 야기한다. 대학 평가 기준 중 전임 교원 확보율이 있는데 각 대학들은 이미 전임 교원의 충원은 하지 않고 책임시수만을 늘리고 있고 반정규직, 비정규직 교원 채용 등 편법을 동원하고 있다.

둘째, 이러한 대학 구조조정은 지방대학의 몰락을 가져와 수도권과 지방 간의 고등교육 불균형을 야기할 것이다. 또한 대학 서열 체제의 고착화를 넘어 대학의 등급화, 양극화를 가져올 것이다.

셋째, 교수·직원 대량 실업 사태 및 비정규직의 증가가 불가피하게 동반한다. 교육부 정책안을 보면 앞으로 10년간 대학 정원을 16만 명 가량 줄어든 40만 명까지 감축한다는 방침이다. 이는 우리나라 대학 110개 정도의 규모이다. 학생 정원이 28%가 감축되면 교수나 직원도 그에 상응하여 비례적으로 감축되고 이에 따라 최소 30%의 교수와 직원이 일자리를 잃게 된다.

넷째, 이러한 대학 구조조정은 학문 체제의 변동을 가져와 기초 학문과 예술 분야의 몰락, 학문 재생산 체계의 붕괴로 이어질 것이다. 이미 이명박 정부의 부실 대학 평가가 이루어지면서 취업률에서 불리한 지위에 있는 인문학 등 기초 학문 분야 및 예체능 분야는 이미 대학의 사전 구조조정을 통해 즉 학과 통폐합 등으로 완전히 몰락한 상황에 있다.

결국 박근혜 정부의 대학 구조조정은 문제의 해결이 아니라 문제를 더욱 꼬이게 만들고 대학교육을 황폐화하는 것에 불과하다.

그런데 이러한 상황을 돌파할 좋은 해법은 따로 있다. 그것은 과잉된 것처럼 보이는 대학교육 역량을 대학교육의 질을 높이는 자산으로 전환하는 것이다. 즉 지금 있는 대학교들을 퇴출하는 것이 아니라

OECD 평균 수준에서 한참이나 떨어져 있는 고등교육의 여건을 개선하는 계기로 삼는 것이다.

먼저 대학의 공공적 재편을 담보하기 위하여 고등교육 재정을 OECD 국가 평균 1.2%로 확충해야 한다. 재정 확보를 바탕으로 대학의 공공성을 강화하여 대학교육의 질을 높일 수 있다.

전문대학의
체제 개편에 대하여
─고등직업교육과 평생직업교육의
중심 기관으로 육성

우리나라의 경우 사립대학이 압도적으로 많은데, 일반대학보다 전문
대학이 더욱 심하다. 2014년도 일반대학의 83.2%, 전문대학의 94.2%가
사립대학으로 전문대학의 사립대학 비중은 절대적이다. 사립대학의 비
중을 줄여가야 함에도 전문대학의 경우 2006년도에 국립대학 5개교,
공립대학 8개교였던 것이 이마저도 점차 줄어 2014년도에는 국립대학
1개교, 공립대학 7개교로 사립대학 비중이 더욱 늘었다. 입학 정원을
비교하면 더 차이가 나 2014년도 국공립전문대학은 3,921명으로 2.0%
에 불과하고, 사립전문대학은 187,866명으로 98%를 차지하고 있다.

표 1_설립별 대학 현황

	2009	2010	2011	2012	2013	2014
국립	2	2	3	1	1	1
공립	8	7	7	7	7	7
사립	136(93.1)	136(93.7)	137(93.8)	133(94.3)	131(94.2)	129(94.2)
계	146	145	146	141	139	137

괄호 안은 비율(%)

사립전문대학이 절대다수를 차지하다 보니 연간 등록금 600만 원대로 일반 국공립대 등록금 300만 원대에 비해 학비가 높은 사립전문대학에 많이 입학해야 하는 상황이다.

국가의 전체 대학 지원액 중 전문대학 지원 비율은 7%대이고, 전문대학 학생 1인당 국고 지원액은 일반대학에 비해 50%이하로 매우 적어 교육 여건이 열악하다. 전문대학의 2010년 전임 교원 1인당 학생 수는 39.4명으로 4년제 대학 28.4명에 비해 매우 열악한 실정이다.

표 2_대학별 재정 지원 현황

연도별	전체 대학 지원액	일반대학		전문대학	
		지원액	전체 대학 대비 지원 비율(%)	지원액	전체 대학 대비 지원 비율(%)
2011	6,726,833	6,233,864	92.67	497,785	7.32
2010	5,618,357	4,317,424	76.84	393,765	7.01

*전체 대학: 대학, 대학원대학, 전문대학, 사이버대학, 특수대학 등
(해외 대학, 평생교육원 및 학점은행제 제외)
단위: 백만 원

표 3_전임 교원 1인당 학생 수

구분	유치원	초등학교	중학교	고등학교		전문대학	4년제 대학
				일반계	전문계		
교원 1인당 학생 수	15.2	19.8	18.4	16.7	13.3	39.4	28.9

*교육과학기술부 자료
전문대학 및 4년제 대학은 2010년 기준, 유치원, 초등학교, 중학교, 고등학교는 2009년도 기준임.
전문대학, 대학은 편제정원임.

전문대학은 우리나라 전체 대학의 서열화와 정체성 상실의 체제하에서 고등직업교육기관과 평생직업교육기관으로서 자리매김하는 데

어려움을 겪고 있다. 일반대학들이 입시율과 취업률을 높이려는 목적으로 전문대학에 설치되어 있는 학과를 개설하면서 일반대학 본연의 정체성을 잃어버리고 전문대학의 영역을 침범하고 있다.

표 4_4년제 대학 전문대학 유사 학과 신설 현황

연도	1990년 이전	1991~1995	1996~2000	2001~2005	2006~2010	합계
신설 학과 수	5	4	35	54	94	201

*204곳 중 신설 연도를 알 수 없는 3곳은 제외(자료: 한국대학교육연구소)

2010년 OECD 교육지표에 따르면 우리나라 전문대학 졸업자는 고등학교 졸업자의 1.18배를 받지만, 대학교 이상 졸업자의 67% 수준의 임금을 받는 것으로 나타나 우리나라의 학력 간 임금격차는 OECD 평균보다 훨씬 크다. 이러한 격차를 해소하지 않은 상태에서의 '능력 중심 사회 실현'이라는 구호는 공염불에 불과할 것이다.

전문대학의 공공성을 강화하여 교육 환경을 개선하고 전문대학을 고등직업교육과 평생직업교육의 중심 기관으로 육성해야 한다.

첫째, 전문대학의 고등직업교육과 평생직업교육 기관으로서의 정체성을 분명히 하여야 한다. 이를 위해서 먼저 일반대학의 정체성을 분명히 해야 한다. 각 대학의 정체성을 파괴시키는 각종 정부 지원 사업을 검토하고 현재의 고등교육법에 명시된 각 대학의 설립 목적에 맞는 지원책으로 전환해야 한다. 학과 개설도 각 대학의 정체성에 맞게 개설할 수 있도록 학과 개설 지침이 마련되어야 한다.

둘째, 전문대학을 고등직업교육과 평생직업교육의 중심기관으로 육

성해야 한다. 현재 고등직업교육기관으로 전문대학을 비롯해서 산업대
학, 폴리텍 대학이 있는데, 전문대학이 137개교, 산업대학이 2개교, 폴
리텍 대학이 1개교 39캠퍼스를 차지하고 있어 전문대학이 고등직업교
육과 평생직업교육의 중심 역할을 해야 하는 상황이다. 이들 고등직업
교육 대학들을 미래 산업에 대응할 수 있는 교육 방식으로 전환·통합
하면서 전공 학과의 성격에 따라 4년까지의 다양한 학제를 두고 대학
에 따라서는 대학원(석사)을 둘 수 있도록 검토해야 한다.

셋째, 전문대학의 공공성을 강화해야 한다. 현재 사립전문대학이
94.2%를 차지하고 있는데, 사립전문대학의 비중을 점차 줄여 궁극적
으로는 무상교육 기관으로 육성하여야 한다. 점진적으로 무상교육을
실현하기 위해 대학 재정의 50% 이상을 정부가 지원하는 공영형 사립
전문대학으로의 개편부터 실현해야 한다.

2.
대학 입시 경쟁에서
벗어날 수 없는가?
-대학입학자격고사의 실시

입시 교육의 천국, 사교육의 천국

한국 교육에서 대학입시는 모든 교육과정을 지배한다. 학생들이 공부하는 목적이나 학교에서 가르치는 목적 모두 상위 서열의 대학과 인기 학과에 진학하기 위해서다.

과도한 대입 경쟁으로 인한 사교육의 창궐로 가계와 국민경제에 커다란 부담이 된 것은 어제 오늘의 일이 아니다. 가정의 경제력이나 정보력에 따른 교육 불평등도 더욱 심화되고 있다. 수많은 학생들이 미친 경쟁으로 인해 이른 나이부터 실패와 고통을 맛보고 있다.

더 심각한 문제는 교육 내부에 있다. 대학입시가 초중등교육을 지배하고 규정하면서 심각한 교육적 문제를 불러일으키고, 그 피해는 고스란히 아이들에게 넘겨진다.

한국의 초중등교육은 수능 준비에 초점이 맞추어져 있다.

수능이 객관식 문제로 출제되면서, 여전히 학교 현장에서 교사는 학생들이 암기하기 좋도록 지식을 도식화하고 요약하여 주입하는 수업 방식이 주를 이루고 있으며, 학생들은 외우고 또 외우고, 풀고 또 풀기를 반복하고 있다.

수능에서 영어와 수학 비중이 압도적으로 높기 때문에 공교육과 사교육에서 모두 학생들은 오로지 영어와 수학 학습에 몰두한다. 정작 삶에 필요한 인문학, 사회과학, 자연과학, 예술 등을 깊게 접할 기회는 차단된다.

영어와 수학 중심의 암기와 문제풀이 입시 교육으로는 학생들의 정상적인 성장과 발달이 불가능하다. 청소년 시기에 필요한 다양한 고등 정신 기능과 가치관 형성에 입시 교육은 아무런 도움이 되지 못한다. 또한 입시 교육은 시대의 요구에도 전혀 부응할 수 없다. 정보와 지식이 넘쳐나는 시대에 지식을 단순 암기하고, 정답을 찍는 능력을 키우는 것은 너무 희극적이다. 과도한 입시 경쟁 그리고 이로 인한 입시 교육 때문에 이제 한국 교육은 개인과 사회 모두에 커다란 질곡이 되고 있다.

역대 정부는 사교육비 감축에 초점을 맞추어 대입제도 개혁을 추진해왔다. 주로 대학입시의 전형 요소와 대학입시 방식을 바꾸는 정책을 선호하였다. 그러나 시간이 지나갈수록 입시 경쟁과 사교육비 문제는 더욱 심각해지고 있을 뿐이다. 왜냐하면 입시 경쟁의 본질은 상위 서열의 대학으로 진입하기 위한 경쟁인데, 이러한 경쟁을 야기하는 대학 서열 체제를 손대지 않고 대입제도만을 기술적으로 바꾸려 했기 때문이다.

우리나라가 수십 년 동안 입시 제도를 대학별 시험 체제, 예비고사

+ 본고사 체제, 학력고사+내신 체제, 수능+내신(비교과 포함)+대학별 고사 체제 등으로 십여 차례 바꾸어왔지만 입시 교육은 변함없이 지속되고 사교육비는 지속적으로 늘어왔다.

▶ 우리나라의 대학 입시제도 개편 과정

- 1기(1945~1961) 대학별로 자율적으로 학생을 선발하던 시기
- 2기(1962~1980) 대학입학자격고사가 도입되었다가 1969년부터 예비고사+본고사 체제로 운영된 시기
- 3기(1981~1993) 학력고사와 내신이 병행되는 시기
- 4기(1994~) 수능+내신+대학별 고사(또는 논술)가 병행되는 시기
- 5기(2000년 이후) 수능+내신+비교과 활동+대학별 고사(논술, 면접 등)가 병행되는 시기

정부 당국에서는 대입 경쟁에서 공정성 시비를 차단하고, 학생들의 성적을 촘촘하게 서열화하고, 대입 비용을 낮추기 위해 객관식 중심의 국가시험제도를 계속 유지해왔다. 1점 차이, 1등급 차이로 대학입시에서 당락이 좌우되기 때문에 학생들은 치열한 입시 경쟁에 나설 수밖에 없다. 이런 상황에서 입시 경쟁의 강도는 줄지 않았고, 낡은 입시 교육은 지속되었다.

학별사회와 연결되는 대학 서열 체제가 지속되는 한 이러한 현상은 불가피하게 나타난다. 입시 경쟁의 강도는 사회적 불평등과 간접적으로, 대학 서열 체제와 직접적으로 비례관계를 보인다. 세계적으로 볼 때, 우리나라처럼 대학이 서열화된 나라들은 입시 경쟁도 치열하며 선

발 방법도 복잡하다. 미국, 일본 등 대학이 서열화되어 있는 나라들에서 학생들을 선발하고 선별하기 위한 다양하고 복잡한 입시제도가 발전한다.

표 2-2_ 대학 서열 체제와 대입제도

국가	대학 서열화	대입제도	비고
미국 일본 한국	대학 서열화 체제(명문 사립대와 주요 국립대를 중심으로 대학이 서열화되어 있음)	국가 주관 시험, 대학 본고사, 입학사정관제 등 복잡한 입시제도	- 대학 공공성이 약함(국립대의 비중이 낮고 등록금이 높음) - 고교 체제도 서열화되어 있고 사교육이 발달

대학입시가 복잡할수록 상위 서열의 대학들은 자기들의 입맛에 맞게 학생들을 선발할 수 있으며, 부유층일수록 이러한 복잡한 입시제도에 적응력이 뛰어나다. 그리고 이 둘의 요구가 맞물려 입시제도는 복잡해지고 있으며, 이러한 경향은 이명박 정부가 추진한 대입 자율화 조치로 인해 심화되었으며, 박근혜 정권도 이런 흐름을 계속 유지하고 있다.

최근에 논란이 되고 있는 학생부종합전형의 경우, 학생들의 다양한 능력과 활동을 평가한다는 기본 취지와는 다르게 상위 서열 대학을 중심으로 특목고나 자사고 또는 부유층 자녀들의 입학 통로로 활용되고 있음이 여러 자료를 통해 드러나고 있다. 즉 이 전형은 대학들로 하여금 입맛에 맞는 지역과 계층의 학생들을 마음껏 뽑을 수 있게 하였으며, 이른바 명문 대학들이 특정 지역, 특정 계층, 특정 유형의 학교 출신 학생들은 선호한다는 것은 공공연한 비밀이다. 이때 특정이 의미하는 것이 부자 동네, 상류 계층, 자사고-특목고라는 것은 모두

짐작할 수 있을 것이다.

공동선발-공동학위로 대학입시 폐지를

　대학입시 문제를 해결하기 위해서는 대학 서열 체제의 해소와 이에
발맞추어 입시제도의 개편이 동시에 추진되어야 한다. 이를 위해서 공
동선발과 공동학위를 중심으로 하는 대학통합네트워크를 구성해야
한다. 대학통합네트워크가 건설되면 대입시험은 대입자격고사로 전환
될 것이다.
　'대학통합네트워크'의 대학들은 입학사정관제, 수준별 수능시험,
대학별 본고사를 폐지하고, 일정한 기준을 통과한 학생에게 '대학통
합네트워크'의 입학 자격을 부여하는 '대입자격고사체제'로 전환한다.
대입자격고사는 점수와 등급을 세분화하여 학생을 선발하는 것이
아니라 일정한 기준을 '통과'와 '불합격'으로만 판정하여 학생을 선발
한다.
　'대학통합네트워크'의 외부에 존재하는 일부 독립 사립대에 대해서
는 내신 성적과 대학별 고사 등을 바탕으로 자율적으로 선발할 수 있
도록 하되 입시의 공정성에 대한 국가의 지도감독을 강화한다.
　대학입학 자격고사를 통한 학생선발 과정은 아래의 표와 같이 정리
할 수 있을 것이다.

(1) 신입생 선발 단위와 규모는 대학별·학과별이 아니라 전체 '대학통합 네트워크' 총 정원으로 한다.
(2) 대학입학자격은 고교 내신 성적과 계열별 국가 수준 대학입학자격시험을 통해 부여하며 수능시험과 대학별 고사 등은 폐지한다.
(3) 대학입학 자격은 인문사회계와 자연계 등 계열별로만 나눈다.
(4) 대입 자격을 획득한 학생들은 먼저 1, 2, 3지망으로 대학을 지원해 추첨 배정하고, 거주지별 배정을 기본 원칙으로 한다.

대입자격고사를 도입하고 있는 유럽 나라들의 경우 대학은 평준화되어 있다. 이들 나라에서는 대입자격고사를 통과한 학생들은 희망하는 대학에 지원하는 자격이 주어진다. 이들 대학입시 경쟁이 없는 나라들에서 학생들은 입시 교육으로부터 자유로우며, 학부모들은 우리나라와 같은 과중한 사교육비의 고통을 경험하지 않고 있다.

표 2-3_ 대학평준화 체제와 대입제도

국가	대학 서열화	대입제도	비고
프랑스 독일 핀란드	대학평준화 체제	대입자격고사(바칼로레아, 아비투어 등)에 합격하면 희망하는 대학에 진학	- 대학의 공공성이 강함 (국립대의 비중이 높고 등록금이 낮음) - 고교 체제도 평준화되어 있고 사교육은 미미

절대평가, 논서술형 자격시험으로 새로운 교육을

대학통합네트워크의 대입자격시험은 국가 수준의 자격시험과 고교 내신 성적으로 크게 구분할 수 있을 것이다.

▶ 대학통합네트워크의 대학입학자격고사 기본 유형
- 프랑스 바칼로레아형: 국가 수준의 대입자격고사(논술형)의 통과 여부로 학생을 선발하는 방안-프랑스의 바칼로레아 방안
- 독일의 아비투어형: 고교 내신 성적과 국가 수준의 대입자격시험 두 가지 시험을 합산하여 자격시험 통과여부를 결정하는 방안
- 고교 내신 성적(절대평가) 중심: 고교 내신 성적의 절대적 성취 여부로 학생을 선발하는 방안

프랑스형은 복잡하지 않고, 공정성 확보가 쉽다는 장점이 있으나, 한국의 풍토상 초중등교육이 국가 수준 시험 준비에 과도하게 매몰될 위험이 존재한다. 반면에 내신 성적 중심 방안은 고교평준화가 이루어지지 않았고, 학교 교육에 대한 신뢰가 이루어지지 않은 상황에서 여러 시비가 발생할 가능성이 높다.

따라서 초중등교육을 정상화하고 공정성도 확보하기 위해서 독일형이 가장 적합하다고 판단된다.

국가 수준과 학교 내신 시험은 가능하면 빨리 논서술형 시험을 도입하고 상대평가 방식이 아니라 절대평가 방식으로 전환한다. 중등교육의 성취 여부를 평가하고 대학에서의 수학능력을 판별하는 데 객관

식 선다형 문제는 적절하지 않다. 객관식 선다형 문제는 기초 지식의 습득 여부를 측정하는 데 적합하지만 인간의 다양한 고등한 사고능력을 평가하는 데 부적합하다. 논서술형 문제가 청소년기의 인간 정신 능력의 발달 정도를 평가하는 데 적합하다.

또한 논서술형 문제 중심의 시험은 중등교육의 변화에 긍정적인 영향을 끼칠 것이다. 현행의 주입식-강의 중심 교육과 암기와 문제풀이 학습을 극복하는 데 커다란 자극이 될 것이다. 다양한 텍스트에 대한 심층적 독해(깊은 읽기 교육), 발표-토론 수업과 글쓰기 교육의 활성화, 프로젝트형 통합 주제 학습 등 새로운 교수-학습의 활성화를 자극할 것이다.

또한 새로운 입시제도는 영어와 수학의 과도한 비중을 축소해야 한다. 독일의 아비투어형의 대입자격고사를 도입할 경우, 국가 수준의 시험은 국어, 수학, 영어 등 기초과목을 중심으로 하고 학교 내신 시험은 국영수를 제외한 인문학, 사회과학, 자연과학, 예술 등 심화과목을 중심으로 하여 고등학교 2~3학년 과정에서는 영수에 매몰되는 것이 아니라 다양한 영역들을 고루 섭취하여 균형 잡힌 발달을 도모할 수 있도록 해야 한다.

과도기 방안이 필요하다

대학통합네트워크 건설과 대입자격고사 도입은 일정한 시간을 필요로 한다. 하지만 입시제도 개혁은 시급을 요하는 문제이다. 따라서 근본적인 개편 전까지 과도기 방안이 필요하다.

과도기 방안은 입시 교육의 폐해를 최소하면서 교육 불평등을 축소하는 성격을 지녀야 하며, 근본적 방안의 연착륙을 도울 수 있어야 한다.

현재 입시 전형이 유발하는 교육 불평등의 정도를 보면, 수능과 논술 〉 학생부종합전형 〉 학생부교과(내신) 전형 순으로 볼 수 있다. 반면에 형식적 공정성의 측면에서 보면 수능 〉 학생부교과 〉 학생부종합과 논술 등의 순일 것이다.

따라서 과도기 방안에서 학생부교과(내신) 전형의 비중을 최대한 높일 필요가 있다. 학교 내신 중심 전형은 세 가지의 장점이 있다. 1) 교육 불평등을 최소할 수 있다, 2) 학교 교육의 내실화를 강화할 수 있다, 3) 고교 서열화를 약화시키는 데 기여할 수 있다.

둘째, 수능은 5단계 절대평가로 전환한다. 이미 영어와 한국사는 절대평가 체제이다. 수능 전 과목을 5단계 절대평가로 전환시켜 대입에서 세밀한 순위 산출이 아니라 자격 기준 정도로 활용할 수 있도록 한다.

셋째, 인문사회 과목부터 국가 수준 및 학교 수준 시험을 논서술형으로 전환한다. 물론 이를 위해 교사 연수와 학급당 학생 수 감축 등 새로운 수업이 가능하도록 최대한 지원한다.

3.
초중등교육의
개편과 혁신

1) 차별 없는 중등교육은 가능한가?
-'고교평준화'의 확대와 '통합중등학교체제'의 확립

부모의 소득에 따라 학교를 선택하라

이명박 정부는 '고교다양화 300' 정책을 추진하면서 자율형사립고를 전국적으로 확대·설립하였다. 자립형사립고 시범실시를 통해 자사고의 문제점이 드러났는데도 자사고를 확대 도입하는 가속 페달에서 발을 떼지 않았다. 그 결과 국민 대다수의 자녀들이 다니는 일반 학교와 상류층이 다니는 외고, 국제고, 자사고로 대표되는 특권 학교로 고등학교가 양극화되었다. 전국적으로 49개의 자사고가 생겨나면서 학교 서열화가 심화되었고, 서울의 경우에는 자율형사립고 절반이 이상이 집중되면서 고교평준화가 심각하게 위협받고 있다. 전체 고등학교의 4.8%를 차지하는 과학고, 외국어고, 국제고, 자사고가 상위 서열의 대학에 진학을 휩쓸면서 신흥 입시 명문고로 지위를 구축하고 있다.

표 2-4_고등학교 현황(2014)

시도	총계	일반고	자율고		소계	특수목적고						소계	특성화고
			사립	공립		과학고	외국어고	국제고	예술고	체육고	마이스터		
전국	2,326	1,520	49	115	164	26	31	7	28	15	36	143	499
비율	100	65.4	2.1	4.9	7.0	1.1	1.3	0.3	1.2	0.6	1.6	6.1	21.5

그런데 특목고와 자사고는 다양한 교육과정의 제공이라는 설립 취지와 달리 귀족학교(또는 계층학교)이자 입시 명문고라는 것이 분명해졌다. 오히려 이들 귀족학교의 증설은 평준화 체제를 해체하면서 교육의 본질을 왜곡하고 파행을 초래하고 있다.

첫째, 비평준화 체제는 상위대학 진학이라는 목표 즉 대학입시에 모든 교육 활동을 종속시키고 있다. 비평준화는 교육과정의 다양성을 지향하는 것이 아니다. 특목고와 자사고는 상위권 대학 진학을 목표로 우수한 동질 집단의 학생을 선발(입학)하는 입시전문 학교일뿐이다. 그들에게는 특수한 목적도 없고(외국어를 공부하기 위해 외고에 가는 학생은 없다) 교육적 자율성(자사고의 교육과정의 자율성을 보고 학교를 선택하는 학생은 없다)도 없다. 그들은 입시 전문학교로서 고등학교의 서열화를 부채질하고, 고교 입시를 부활시키는 부정적 역할을 하고 있을 뿐이다.

둘째, 자사고 등을 통한 평준화 체제의 해체는 학교의 서열화를 넘어 학교의 계층화를 불러오고 있다. 고교평준화가 되기 전의 비평준화 시절의 고등학교 체제는 단지 입학생의 성적에 따라 형성된 서열화 체제였다. 학비는 동일하였고, 학교의 환경이나 조건도 비슷하였다. 하지만 현재 진행되고 있는 특목고와 자사고 중심의 비평준화 체제는 서열화를 넘어 계층화를 촉진하고 있다.

특목고와 자사고의 학비는 일반 학교에 비해 최소한 3배 이상 비싸다. 또한 특목고나 자사고에 입학하려면 고입 사교육비를 부모가 부담할 수 있어야 한다. 따라서 특목고와 자사고는 공부만 잘한다고 갈 수 있는 학교가 아니다. 부모의 경제력이 일정한 수준에 도달해야 갈 수 있는 중상류층을 위한 계층 학교이다. 결국 특목고와 자사고의 확대는 상위대학 진학에 유리한 지위를 확보하려는 특권층의 요구와 상위 서열의 지위를 공고히 하고 돈벌이의 기회를 확대하려는 사립학교의 비교육적 욕망이 결탁한 산물이다.

그런데 중학교 졸업생의 99% 이상이 고등학교에 진학한다. 따라서 고등학교 과정(후기 중등교육)은 사회 구성원 모두를 위한 보편적 교육과정이어야 한다. 사회 구성원 전체에게 차별 없이 교육을 받을 수 있는 기회를 보장해야 하며, 모두에게 필요한 보편적 교육 내용을 제공해야 한다. 이를 위한 가장 적합한 학교 체제는 평준화 체제이다. 더욱이 대학이 '대학통합네트워크'라는 평준화 체제로 변화할 경우 고등학교의 비평준화 체제는 존립 근거마저 상실될 수밖에 없다.

고교평준화는 교육 정상화의 출발

상위권 대학의 진학 통로로 기능하고 있는 자사고와 특목고 중심의 '계층 분리 학교 체제'는 반드시 철폐되어야 한다. 또한 학교를 선호-비선호 학교로 구분하여 학교 서열화를 낳는 학교선택제도 폐지되어야 한다. 평준화의 해체는 우리의 상식과는 달리 평준화 체제보다 전반적인 학업성취도 수준을 낮추는 결과를 초래한다. 또한 성적 때문에, 때로는 부모의 경제적 역량 때문에 상위 서열의 귀족 학교에 가지 못한 학생들에게는 커다란 열패감을 안겨줄 수 있다.

또한 자사고, 특목고에 의해 고교 입시가 광범위하게 부활하고 있다. 이미 초등학교 때부터 특목고나 자사고를 목표로 하는 고교 입시 사교육이 광범위하게 확산되고 있다.

일부에서는 고등학교 수준에서는 학생들이 원하는 다양한 교육 프로그램을 제공할 수 있어야 하고, 이를 위해 학교 다양화가 필요하다고 주장한다. 물론 고등학생의 경우 개인적 관심사나 취향 또는 적성이 다양할 수 있다. 하지만 이를 위해 다양한 학교 체제를 만들어야 하는 것은 아니다. 적어도 고등학교까지의 교육과정은 사회 구성원 모두에게 필요한 기본적인 교양교육이 중심이 되어야 한다. 다양한 관심이나 취미를 충족시키기 위한 교육 활동은 학교 내의 특별 활동이나 방과 후 활동 그리고 지역사회의 다양한 문화-체험 활동 프로그램 등을 통해 충분히 가능하다.

지금 현재 학생들이 취미나 적성에 맞는 다양한 교육 기회를 누리지 못하는 것은 학교가 다양하지 못해서가 아니라 과도한 국영수 중심의 입시 교육 때문이다. 입시 교육의 장벽이 무너지면, 학생들은 다양한 교육 활동에 참여할 기회를 얻을 수 있을 것이다. 정규 교육과정을 통해서는 공통적이고 보편적인 교양 교육을 받고, 특별활동이나 방과후학교 그리고 지역 교육 시설에서 다양한 취미활동을 누리게 될 것이다.

2014~2015년 자사고에 대하여 교육청이 지정 취소하려 하였지만 교육부의 지정 취소 '부동의'로 자사고는 여전히 건재한 상황이다. 향후 교육청 차원의 평가를 통한 지정 취소도 진행되어야겠지만 보다 근본적이고 확실한 방법은 국회가 초중등교육법을 개정하거나 정부가 시행령을 개정하여 폐지하는 경로이다. 초중등교육법이 자사고나 특목고를 '교육제도의 개선과 발전을 위하여 필요한 경우에 한시적으로 운영'하도록 규정하고 있음에도 교육부는 이를 영구적인 학교 형태로 운영하고 있다. 이미 국회에는 자사고, 외고, 국제고, 국제중 폐지를 내용으로 하는 법안들이 제출되어 있고 이들 학교의 존속에 대한 여론조사 결과 국민들의 60%가 폐지에 찬성하고 있다. 따라서 고교 서열화와 입시 경쟁 교육을 부추기는 이들 학교를 조속히 일반고로 전환하여야 한다.

표 2-5_ 학교제도 개편

개편 이전	개편 이후
일반고, 특목고(과고, 외고, 국제고), 자사고	일반고
특성화고, 마이스터고	직업고
예술고, 체육고	예체능고

지역 간, 학교 간 격차를 해소하여 고교의 균형 발전을 이루고 통학 거리에 따라 학생들이 학교에 진학할 수 있도록 해야 한다. 그러기 위해서는 국가와 지역자치 단체들이 모든 학교에서 양질의 교육을 제공할 수 있도록 지원을 해야 한다. 특히 중앙정부와 광역 지방정부는 물적·인적 인프라가 열악한 어려운 지역에 역차별적 지원을 하여 교육

기회는 물론 교육 결과의 평등성을 최대한 확보하기 위하여 노력해야 한다. 그래서 학교 선택 자체가 전혀 필요 없는 실질적인 평준화를 이룩해야 한다.

고교평준화에 대한 국민적 열망은 여전히 높다. 비평준화 지역에서 평준화 지역으로 전환하기 위해서는 해당지역 학생, 학부모, 동문 등으로부터 60%~66.6%(2/3) 이상의 찬성을 얻어야 할 정도로 까다롭지만, 고교평준화 여론조사를 실시한 지역에서는 압도적으로 찬성이 높게 나왔다. 그 결과 2013년부터 진보 교육감이 당선된 지역인 광명, 안산, 의정부, 원주, 춘천, 천안 등의 지역이 새로이 평준화 체제로 전환하였다.

표 2-6_고교평준화 실시를 위한 여론조사(찬성률) 결과

경기도	용인(71.0%), 광명(83.9%), 안산(81.1%) 의정부(76.1%)
강원도	춘천(70.8%), 원주(69.1%), 강릉(71.3%)
충남	천안(73.5%)

시를 읽는 청소부가 필요한 시대- 통합중등학교의 설치

■ 일반계고 직업계고의 통합

복선형학제는 중등교육 단계를 인문교육과정과 직업교육과정을 나누는 학제이다. 복선형학제는 교육학적으로 일반계고와 직업계고 학생 모두의 전면적 발달을 제한한다. 일반계고 학생에게는 노동과 유리된 추상적 수준의 지식 교육이 중심이 되는 데 반해 직업계고 학생에게는 인문 사회적 교양을 충분히 발달시킬 기회를 제공할 수 없다.

사회가 발달할수록 사회 구성원이 배워야 할 기본적인 지식과 정보의 양은 증가한다. 또한 발달된 사회에서 인간이 향유할 수 있는 인문적 교양이나 문화적 분야는 확대되며 이를 위해 교육 기간이 확대될 필요가 있다. 인간의 수명이 길어지는 데 발맞추어 생애주기도 재조정될 필요가 있다. 생애주기가 길수록 교육 기간도 연장되는 것이 자연스럽다. 구태여 젊은 나이에 노동 현장으로 내보낼 필요가 없는 것이다.

특히, 한국의 대학 진학률이 80%가 넘고 있다. 비록 당장 대학에 가지 않더라도, 누구나 대학교육을 언제가 받기를 희망한다. 따라서 더 이상 고등학교 교육이 대부분의 사람들에게 사회로 진출하기 위한 마지막 교육 단계가 아니다.

또한 한국 자본주의의의 조건은 단순 기능 노동력으로부터 자동화, 고도화, 첨단화된 단계로 진입하고 있으며, 중등교육 단계에서 직업교육과정을 이수한 노동력에 대한 수요가 산업 현장에서는 매우 제한적이다.

따라서 사회의 발달과 생산력의 발전에 발맞추어 직업교육의 분화 시점을 뒤로 미루고 단선형 기간을 확대하는 것이 필요하다. 즉 중등교육 단계에서는 전문화된 직업교육이 아니라 다방면의 능력 형성과 보편적인 고등정신기능의 발달을 추구하는 교육과정을 운영하는 것이 인간 발달이라는 교육의 원리에 부합한다. 실제로 많은 전문계 고등학교에서 직업 교육도 인문 교육도 제대로 하지 못하는 어정쩡한 상태가 지속되는 경우가 많다.

또한 중등교육 단계에서 조기에 복선형으로 분화되는 교육제도는 학생들의 인간 발달에 제한적인 요소로 작동한다. 인간은 학교에서 단순히 직업을 위한 능력만 키우는 것이 아니다. 인간을 이해하고 사회를 비판할 수 있고, 정치적 판단을 할 수 있으며 다양한 예술적 분야를 즐길 수 있는 능력을 키우는 것이 필요하다. 시를 읽는 청소부와 정치적 토론을 주도할 수 있는 육체노동자가 존재해야 한다. 비록 사회적 계급관계에서 노동자계급의 힘이 강하여 임금 격차가 적은 국가라 하더라도 이러한 교육적 원리로부터 예외는 아니다. 단지 학력 간 임금 격차가 큰 나라에 비해 그나마 다행스러운 일일 뿐이다.

더욱이 복선형학제가 조기에 이루어지면 질수록 계급과 불평등한 사회체제의 재생산은 확고해진다. 가정 형편이 어려운 학생일수록 일직부터 기술교육을 받게 되어 저임금 체제로 편입될 가능성이 높을 뿐만 아니라 단순 기술을 습득하기 위한 교육에 매몰되어 건강한 사회적 주체로 성장할 수 있는 기회가 봉쇄당하기 쉽다. 결국 하층 계급의 자녀들이 경제적으로나 사회적으로 다시 하층 계급을 형성하는 악순환을 계속할 것이다.

최근 2008~2009 세계경제위기 이후 직업계 고등학교학생들의 대학 진학률이 낮아지고 반대로 취업률이 높아지고 있다. 진학률이 2009년 73.5%로 정점을 찍고 2015년에는 36.6%까지 급속히 낮아진 것으로 나타났다. 이러한 현상은 대졸자의 실업률이 높아지면서 대학진학 동력이 약화되었고, 다른 한편 정부가 특성화고의 취업률과 연계하여 학교 지원금을 배부함에 따라 학교들이 학생들을 취업으로 유도하고 취업률을 부풀린 때문이었다.[3] 그러나 특성화고 졸업생의 취업 형태는 전공을 살리지 못하고 있고, 고용 형태도 불안정 고용이며 학력 간 임금 격차도 매우 큰 것으로 보고되고 있다.

그림 2-3_고교 직업교육 대상자 취업률 및 진학률 추이('01~'15년, KEDI 교육통계)

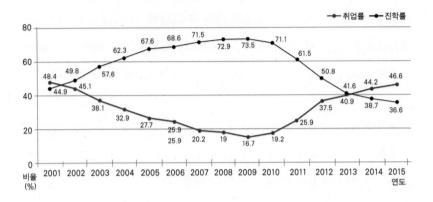

결과적으로 특성화고의 취업률이 단기적으로는 높아지고 있지만, 특성화고의 필요성과 독자성, 그리고 지속가능성이 높아지는 것은 아니다. 따라서 중장기적으로는 직업계고등학교도 학생들의 인문사회적 소양을 높일 수 있도록 보편적 교육과정을 운영하는 학교로 이행하여야 한다.

또한 일반계고의 교육과정도 대폭 변화되어야 한다. 입시 중심의 지식교육에서 벗어나야 한다. 통합중등학교는 교양 교육과 노작교육이 적절하게 균형을 이루어 모든 학생들의 전면적 발달을 추구해야 한다. 특히 노작 교육은 소비 중심의 삶에서 벗어나 생태 중심의 새로운 삶

---

3. 2013년의 경우 재직증명서를 제출하여 취업으로 인정받은 졸업생(1만 1,731명) 중 국세청에 근로소득을 조회한 결과, 무소득 취업자 수(4581명)가 40%에 육박하는 등 취업률 조사 결과의 신뢰성이 확보되지 않는다. 감사원, 감사 결과 보고서-산업인력양성 교육 시책 추진 실태」, 2015. 3.

의 양식을 확산시켜야 하는 우리 시대의 절실한 과제를 해결하기 위해 반드시 강화되어야 한다.

통합형학제로의 이행은 첫째, 후기 중등교육 단계에서의 직업교육과 직업대학(전문대학)의 직업교육의 위상과 역할에 대한 조정과 합의, 둘째, 일반계 고등학교와 직업계 고등학교의 통합운영을 위한 중등교육과정의 교육적·사회적 합의를 바탕으로 이루어질 수 있을 것이다.

■ 중학교와 고등학교의 통합

중학교와 고등학교는 교과 중심의 중등교육 단계이다. 그런데 중학교와 고등학교과정이 분리되어 있기 때문에 교육과정이 중복되고 비효율적으로 배치되는 현상이 심각하다. 중학교 교사들은 학생들이 고등학교에 올라가 무엇을 배울지 잘 모른다. 고등학교 교사들은 학생이 중학교에서 무엇을 배웠는지 역시 잘 모른다. 그러다 보니 중학교와 고등학교의 교육과정이 유기적으로 연결되지 못하는 현상이 발생하게 된다. 중등교육과정 6년 과정을 통합하여 6년 동안의 교육과정을 학생들의 발달 과정에 맞게 구성한다면 훨씬 유기적이며 체계적인 교육과정의 구성이 가능해질 것이다.

또한 학교의 공동체성을 강화하는 부수 효과를 창출할 수 있다. 한국의 학교는 거대학교이다. 따라서 전체 교사와 전체 학생이 친밀성에 기초한 공동체를 구성하는 것은 사실상 불가능하다. 따라서 학교 공동체를 결성할 수 있는 유일한 방법은 학년 공동체를 활성화시키는 것이다. 중고등학교를 통합하게 되면 학년은 3개 학년에서 6개 학년으로 늘어나지만, 학년당 학급 수는 절반으로 줄어들 것이다. 학년 공동체를 활성화시키는 데 훨씬 유리한 조건이 만들어질 것이다.

따라서 중등교육 체제 개편을 중심으로 하는 학제 개편은 크게 두 가지 단계로 진행되어야 한다. 우선 고교의 서열 체제를 해소하고 평준화 체제를 재정립해야 한다. 그 다음 중학교와 고등학교, 일반계고와 전문계고를 통합한 통합중등학교로의 개편을 추진해야 한다.

- 1단계: 자사고 폐지, 외고 및 국제고 폐지
- 입시 기관화되고, 상류층 학교로 변화된 계층 학교 체제를 철폐하도록 함
- 학교선택제를 폐지하고 학교6의 균형 발전에 기초한 근거리 배정 제도로의 전환 추진
- 2단계: 중학교와 고등학교, 일반계고와 전문계 고등학교의 통합교육과정운영을 통한 통합중등학교체제로 전환

표 2-7_ 학체 개편의 단계별 경로

17 16 15	특목고 자사고	일반계고	전문계고	일반계고	전문계고	통합중등학교(6년)
14 13 12		중학교(3년)		중학교(3년)		
11 10 9 8 7 6		초등학교 6년		초등학교(6년)		초등학교(6년)
5 4				유아교육		유아교육
	현재			1단계		2단계

2) 혁신학교 운동, 초중등교육의 패러다임을 바꾸다

혁신학교 운동의 현황

2010년 교육감 선거에서 진보 교육감들이 당선된 이후, 2014년 교육감 선거를 거쳐 대다수의 시도 교육청에서 혁신교육의 흐름이 대세를 형성하고 있다. "경쟁에서 협력으로, 차별에서 지원으로" 등을 모토로 한 진보 교육감 진영의 대표적인 정책이 바로 혁신학교이다. 과거 작은 학교 살리기 운동 등 현장 교사들의 자발적인 학교혁신운동이 진보 교육감 진영의 제도적·정책적 지원과 만나 전국적으로 확산되고 있다. 2016년 3월 기준 전국적으로 모두 1,000여 개의 혁신학교가 운영되고 있으며, 이는 전체 학교의 약 10%로서 결코 적은 비중이 아니다.

표 2-8_전국 시도별 혁신학교 현황 (2016. 3. 1. 기준)

지역	계(초·중·고)			초등학교			중학교			고등학교			비고
	전체학교	혁신학교	비율(%)	전체학교	혁신학교	비율(%)	전체학교	혁신학교	비율(%)	전체학교	혁신학교	비율(%)	
전체	9,708	1,006	10.4	5,200	593	11.4	2,749	314	11.4	1,759	99	5.6	
강원	630	55	8.7	351	27	7.7	162	19	11.7	117	9	7.7	
경기	2,306	416	18.0	1,219	220	18.0	617	146	23.7	470	50	10.6	유아10
경남	901	21	2.3	498	13	2.6	266	6	2.3	137	2	1.5	
광주	308	45	14.6	152	26	17.1	89	15	16.9	67	4	6.0	특수3
대전	296	5	1.7	146	2	1.4	88	3	3.4	62	0	0.0	
부산	624	19	3.0	308	11	3.6	172	6	3.5	144	2	1.4	유아1 특수1
서울	1.168	119	10.2	600	76	12.7	384	32	8.3	184	11	6.0	
세종	66	7	10.6	36	5	13.9	17	2	11.8	13	0	0.0	유아1

인천	503	20	4.0	246	12	4.9	134	7	5.2	123	1	0.8	
전남	759	84	11.1	426	60	14.1	250	21	8.4	83	3	3.6	유아1
전북	754	148	19.6	415	99	23.9	209	40	19.1	130	9	6.9	유아1
제주	187	8	4.3	112	6	5.4	45	1	2.2	30	1	3.3	초중등 통합교1
충남	722	39	5.4	418	22	5.3	188	11	5.9	116	6	5.2	
충북	484	20	4.1	273	14	5.1	128	5	3.9	83	1	1.2	초중등 통합교2

위의 현황을 살펴보면 일부 지역을 제외한 거의 모든 지역에서 혁신학교 운동이 확산되고 있음을 알 수 있다. 특히 보수 교육감 진영으로 분류되고 있는 대전에서도 혁신학교와 유사한 정책 사업이 진행되고 있다. 학교급별로 살펴보면 초등학교와 중학교 단계에서 혁신학교 비율이 10%를 상회하고 있으나, 대학입시의 영향력이 큰 고등학교 단계에서는 혁신학교 비율이 5%대에 머물러 있다. 또한 혁신학교라는 이름을 달지 않은 학교에서도 혁신학교와 유사한 학교혁신의 흐름이 확대되고 있다는 점을 고려해보면, 적어도 초등학교와 중학교 단계에서는 상당수의 지역에서 혁신교육의 흐름이 대세로 자리 잡고 있음을 알 수 있다.

혁신학교는 무엇보다 입시 위주의 경쟁 교육으로부터 소외되고 있는 학생들에게 의미 있는 배움을 제공하기 위해 교육과정의 혁신을 도모하고 있다. 혁신학교의 교육과정은 교과서를 그대로 주입하는 대신 교사들의 적극적인 교육과정 재구성의 노력에 따라 지식과 탐구와 실천 활동이 유기적으로 통합으로 이루면서 학생들의 전면적인 발달과 성장을 돕는 배움을 제공하고 있다. 특히 혁신학교에서 주목하고 있는 것은 배움의 속도가 느린 학생, 사회 경제적으로 불리한 처지에 있는 학생들이 소외되지 않고 교육에 주체적으로 참여할 수 있도록 배려하는 것이다.

혁신학교의 수업은 학생들의 주체적인 참여와 협력을 강조한다. 교사들은 일방적인 주입식 수업보다는 모둠별 협력 활동, 프로젝트 수업 등을 통해 학생들이 적극적으로 참여하고 협력하는 배움 중심의 수업을 실천하고 있다. 또한 서열화를 위한 평가에서 벗어나 학생의 성장과 발달을 지원하기 위해 수행평가와 논술형 평가 등 과정 중심 평가를 확대하고 있다.

이러한 교육과정-수업-평가의 변화를 이루기 위해서는 학교 운영에 있어서도 변화가 필요하다. 혁신학교의 학교 운영은 무엇보다도 민주적 참여와 소통을 강조한다. 교사, 학생, 학부모의 참여와 민주적인 의사결정을 통해 학교의 주요한 사안이 결정되며, 불필요한 행정업무보다 수업과 학생 교육이라는 교육의 본질에 집중하려는 노력을 보이고 있다. 교사들은 전문적 학습공동체를 구축하여 교육과정 및 수업 개선을 위한 연구에 집중을 하고 있으며, 학생들은 다양한 학생자치활동을 통해 인권과 민주주의의 가치를 삶으로서 체험하고 있다. 이러한 학교 운영과 교육과정을 통해 혁신학교 학생들은 소외되지 않는 배움, 전인적인 성장과 발달을 도모하게 된다.

혁신학교 운동의 성과

입시 위주의 경쟁 교육과 관료주의적 학교 운영의 관행에 비추어 볼 때 이러한 혁신학교 운동은 매우 낯설면서도 새로운 것일 수도 있다. 그리고 아직까지는 혁신학교 운동에 대한 부정적인 시각도 존재하는 것도 사실이다. 그러나 분명한 것은 혁신학교 운동이 한국 공교육의 역사에서 새로운 패러다임을 보여주고 있으며, 그것이 꾸준히 확산되고 있다는 점이다.

혁신학교 운동은 무엇보다도 현장 교사들의 아래로부터의 자발적인 운동이 진보 교육감 진영의 정책적 지원과 만나 하나의 제도로 구축되어 가고 있다는 점에서 이전의 교육개혁 운동과 차별성을 보이고 있다. 과거에도 열린교육 운동 등 혁신학교 운동과 유사한 교육개혁 운동이 존재했다. 그러나 이는 관 주도의 하향식 방식으로 이루어져 현장 적합성을 상실한 채 교사 대중들을 수동적인 존재로 대상화시킨 한계가 있다. 물론 일부 혁신학교에서 이러한 측면이 보이는 것도 사실이나, 성공한 혁신학교로 평가받고 있는 학교에서는 무엇보다도 교사 대중의 아래로부터의 자발성이 개혁의 동력이 되고 있음을 확인할 수 있다. 그리고 이러한 아래로부터의 자발성이 관료조직의 경직성을 내부로부터 균열 내고 있다는 점도 중요한 성과이다.

다음으로 혁신학교 운동은 일부 영역에 국한된 변화가 아니라 학교를 총체적으로 변화시키려는 시도라는 점에서 의미가 있다. 예를 들어 단순히 교사 개인의 수업의 형태를 바꾸는 것이 아니라 동료 교사들과의 협력적 구조 속에 학습공동체를 구축하고 이를 바탕으로 동학년·동교과 전체가, 나아가 학교 전체가 새로운 협력 수업의 원리를 보편화하고 있는 것이 특징적이다. 또한 학교교육의 중심을 교육과정 운영에 두고 학교 업무를 재구조화하며, 교사, 학생, 학부모 등 교육 주체가 민주적으로 참여하는 학교 운영을 실현하는 등 학교교육의 본질을 회복하기 위해 단위 학교를 총체적으로 변화시키는 모색을 꾸준히 하고 있다. 이러한 점에서 볼 때 혁신학교 운동은 "현 제도 속에서 가능한 학교 변화의 최대치"를 현실화하는 운동이라 할 수 있다.

혁신학교 운동은 또한 특정한 모델을 벗어나 꾸준히 진화·발전하고 있다. 혁신학교 운동 초창기에는 배움의 공동체 등 특정한 모델을 염두에 두거나 교육청의 정책 방향에 따라 진행되어온 측면도 있었다. 그러나 혁신학교 운동이 확산되면서 학교 안에서의 변화와 학교 밖에서의 변화를 함께 모색하고, 특정한 모델에서 벗어나 새로운 단계로 진화하고 있다. 초기에는 일부 열성적인 활동가를 중심으로 진행되어온 혁신학교 운동이 학교 내 모든 교사들이 혁신학교의 철학과 원리에 동감하며 공동으로 실천을 모색하고 그것이 학교의 구조와 문화로 내재화되면서 새로운 혁신학교 모델이 나타나고 있다. 이른바 '혁신학교 시즌 2', '혁신학교 3.0' 등의 표현에 나타나 있듯이, 학교 안에서의 변화가 학교 밖으로 확대되면서 '마을교육공동체'라는 새로운 담론과 실천이 출현하고 있고, 지역 내 혁신학교와 일반 학교의 연계, 초-중-고 혁신학교 교육과정의 연계 등 새로운 방식이 모색되고 있다.

혁신학교 운동은 이처럼 단위 학교에서 출발하여 인근 학교 및 지역사회를 변화시키고 있고, 나아가 교육청 및 교육부의 정책에도 상당한 영향을 주고 있다. 중학교 자유학기제가 대표적인 예이다. 초기의 자유학기제는 진로진학 교육 및 체험활동 위주의 프로그램 등 협소한 관점에서 출발하였으나, 지금은 혁신학교 운동과 맞물려 교육과정-수업-평가 혁신을 중심으로 자유학기제가 재구조화되고 있다. 지필평가 폐지와 수행평가 전면화, 그리고 이에 따른 교육과정 및 수업의 전면적인 혁신이 자유학기제의 중심으로 자리 잡고 있다. 이런 점에서 볼 때 혁신학교 운동은 '현 제도 속에서 가능한 학교 변화의 최대치'를 실천하는 것이자, '현장에서의 실천을 토대로 견고한 제도적 한계를 타파해나가는 운동'으로 그 의미를 규정할 수 있다. 물론 적지 않은 수의 혁신학교가 이러한 의미를 찾지 못하는 것도 사실이다. 따라서 혁신학교 운동은 이러한 취지에 부합되도록 이루어져야 하며, 그러할 때 교육혁명의 대의와 만날 수 있다.

혁신학교 운동과 교육혁명

혁신학교 운동에 대해서 여러 가지 우려와 비판의 목소리도 적지 않다. 소수 활동가의 헌신에 의존하는 운동의 한계, 혁신학교의 성과가 모든 학교로 일반화되지 못하는 문제, 교육청 주도의 정책 사업으로서의 한계 등이 그러하다. 그러나 무엇보다도 경청해야 할 비판의 목소리는 혁신학교 운동이 단위 학교의 울타리 안에 머무른 채 사회적·제도적 실천으로 이어지지 못하고 자족적인 운동으로 머무를 수 있다는 지적이다. 이는 특히 초등학교와 중학교에 비해 대학입시를 앞둔 고등학교 단계에서 혁신학교 운동이 활발히 이루어지지 못하고 있는 한계와도 연관된다. 사회적·제도적 실천을 망각한 채 진행되는 일부 혁신학교 운동은 그나마 소진되어 가고 있는 교육혁명의 에너지를 단위 학교의 울타리 안에 가둘 수도 있다는 것을 늘 염두에 두어야 할 것이다.

그렇다고 해서 혁신학교 운동 자체를 폄하하는 일부의 시선도 정당하지는 않다. 앞에서도 언급했듯이 혁신학교 운동은 '현 제도 속에서 가능한 학교변화의 최대치를 실천하는 운동'이자 '현장에서의 실천을 토대로 견고한 제도적 한계를 타파해나가는 운동', 즉 견고한 시스템을 안으로부터 파열을 내는 운동으로 볼 수 있고, 그러한 성과를 낳고 있는 것도 사실이다.

그러한 점에서 혁신학교 운동은 '안으로부터의 변화'와 '외부로부터의 변화'를 연결해나가야 한다. 교육과정 재구성을 위한 실천은 국가교육과정이나 교과서 제도의 문제점을 극복하는 운동으로, 수업 혁신을 위한 실천은 학급당 학생 수 감축을 위한 운동으로, 평가 혁신을 위한 실천은 고입·대입 제도를 개혁하는 운동으로 이어져야 한다. 교원 업무 정상화나 학교 운영의 민주화를 위한 실천은 교육행정기구 재편 및 '학교자치위원회' 설치 등 새로운 형태의 학교민주주의를 위한 급진적 상상력으로 진화되어야 한다.

다른 한편으로 혁신학교 운동은 사회적·제도적 실천의 든든한 버팀목이기도 하다. 학교 현장의 변화와 맞물리지 않는 제도적 차원의 변화는 그 뿌리가 허약할 뿐만 아니라, 그러한 제도적 차원의 변화를 위한 사회적 공감대와 합의를 이끌어내지 못한다. 이미 혁신학교 운동은 교사의 자발적인 실천에 따른 변화가 가능하다는 것을 입증해왔으며, 그러한 입증이 보다 확대될 때 그만큼 사회적·제도적 차원의 변화는 앞당겨질 수 있다. 이처럼 '학교 안에서의 변화'와 '학교 밖에서의 변화'는 변증법적인 상승효과를 가져올 수 있다.

'혁신'학교 운동은 궁극적으로 '민주'학교, '평등'학교로 진화되어야 한다. 엄밀하게 보아 현재의 혁신학교는 존 듀이J. Dewey가 말했던 '아동 중심적 학교', '인본주의적 학교' 차원에서 크게 벗어나지 못하고 있다. 수업의 형태를 바꾸니 학생들이 잠에서 깨어나 수업에 참여하고, 학생들을 배려하고 존중하는 문화를 형성하니 학생들의 자존감과 만족도가 높아지고 있다. 하지만 그렇다고 하여 이 학생들이 혁신학교를 졸업한 후에도 불평등하고 불의한 사회 속에서 삶의 주인공으로 살아가게 될지 의문이다.

그런 점에서 마이클 애플M. Apple은 그가 주창한 '민주적 학교'에서는 사회정의 교육이 핵심으로 포함되어야 한다고 주장한다. 그가 말하는 민주적 학교란 모든 사람의 삶의 가치가 평등하게 승인되는 사회구조의 원리가 실현되는 학교이며 그 속에서 학생들이 불평등한 현실을 극복하는 변화의 주체가 되도록 하는 학교를 말한다. 학교는 학생들의 자아 존중감을 높이고 학습문화를 개선하는 노력 이상을 추구해야 하며, 학교 밖에서 벌어진 사회적 불평등으로 인한 곤란을 학교 안에서 완화시키는 노력을 할 뿐만 아니라 학생들이 스스로 그러한 불평등을 초래한 사회적 조건을 변화시킬 역량을 키워줘야 한다는 것이다.

따라서 혁신학교는 단지 교육의 내용으로서 민주주의와 평등의 가치를 가르치는 것뿐만 아니라 교육과정과 수업, 평가의 원리 자체가 민주적이고 평등해야 한다. 학교의 교육과정은 학생들이 속한 계층, 인종, 젠더, 문화 등에서 비롯된 사회적 이슈를 반영해야 하며, 수업은 사회경제적으로 소외된 학생들을 우선적으로 배려하는 방식으로 이루어져야 한다. 또한 평가 방식이 일부 학생들에게 유리한 방식으로 이루어지는 것이 아니라 모든 학생들이 자신의 존재를 인정받고 성장할 수 있는 방식으로 이루어져야 한다. 이러한 교육과정-수업-평가 속에서 학생들이 자신들에게 앞으로 닥칠 삶의 문제에 맞서 더 나은 사회를 만들어 가는 힘을 키워가는 임파워먼트empowerment가 실현되어야 한다.

　교육사회학적 관점에서 볼 때 학교는 기본적으로 기존의 불평등한 사회질서를 재생산하는 장이다. 혁신학교도 예외가 될 수는 없다. 그러나 적어도 혁신학교는 불평등한 사회질서를 조금이나마 완화하는 역할, 나아가 거시적인 사회구조 속에서 '상대적으로 자율적인 영역'을 확대하는 역할을 해야 한다. 견고한 시스템을 안으로부터 균열시키며 민주적이고 평등한 질서를 확대하고, 그 속에서 학생들을 새로운 사회의 주체로 형성하는 것이 혁신학교 운동에 기대하는 역할이다.

보론 3

유아교육의
공교육화
-3~5세 무상교육

유아교육은 인간 발달의 토대를 이루는 가장 기초적이고 중요한 시기이다. 그러나 중요성에 비해 사회적 관심과 지원이 가장 빈약하며 공공성도 허약하다. 현재 한국에서 유아교육은 학제에 포함되어 있지 않으며, 사립유치원의 비중이 크고 교육(유치원)과 보육(어린이집)으로 이원화되어 있다.

첫째, 유치원의 설립별 현황을 보면 전체 유치원의 46%가 사립 유치원이며 전체 유치원생의 4분의 3이 사립유치원에 다니고 있다. 유치원의 교육비도 공립과 사립 사이에 격차가 매우 크다. 유치원교육비 학부모 부담이 2014년 기준으로 공립이 월 평균 8300원, 사립이 월 평균 19만 5000원으로 사립 유치원이 공립 유치원보다 20배가 넘는다. 또한 '영어유치원' 등 영, 유아를 대상으로 하는 선행 학습도 성행하고 있어 유아교육에 대한 학부모 부담이 많다.

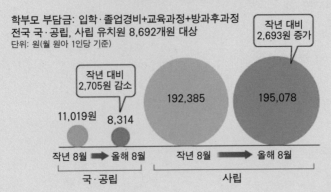

표 1_유치원 학부모 부담금 현황

학부모 부담금: 입학·졸업경비+교육과정+방과후과정
전국 국·공립, 사립 유치원 8,692개원 대상
단위: 원(월 원아 1인당 기준)

작년 대비
2,705원 감소

작년 대비
2,693원 증가

11,019원 8,314

192,385   195,078

작년 8월 ➡ 올해 8월   작년 8월 ➡ 올해 8월

국·공립   사립

자료: 교육부 2014년

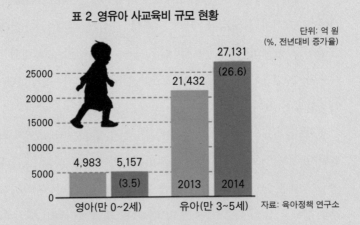

표 2_영유아 사교육비 규모 현황

단위: 억 원
(%, 전년대비 증가율)

27,131
(26.6)

21,432

4,983   5,157
(3.5)

2013   2014

영아(만 0~2세)   유아(만 3~5세)   자료: 육아정책 연구소

둘째, 교육과 보육의 분리이다. 3~5세의 동일한 연령대의 유아들이 교육인적자원부 관할의 유치원과 보건복지부 관할의 보육시설에서 이원화되어 관리되고 있다. 이에 따라 국가 및 지방자치단체 재정의 중복 투자와 행정 지원체제의 비효율성 등의 문제가 발생하고 있으며 무

엇보다 일관되고 공정한 유아 발달의 관점과 방향에서 교육과 보살핌이 이루어지기 어렵게 하고 있다.

셋째, 유아교육의 공공성 결여는 학부모의 과도한 비용 부담만이 아니라 유아교육의 왜곡으로 연결된다. 영유아 보살핌과 교육에 대한 사회적 지원 시스템이 미비하여 과도한 기관 위탁이 이루어지고 있고 어린 영유아에게 선행 학습이 유행하여 올바른 유아 발달을 저해하고 있다.

유아기에 형성되는 지적·신체적 발달은 인간의 평생의 삶을 좌우할 정도로 중요하다. 따라서 많은 문제점을 지니고 있는 기존의 유아교육은 공공성과 국가적 책임 강화와 올바른 유아 발달의 방향에서 대대적으로 개혁되어야 한다.

1. 유아교육의 기본학제화이다.

유아교육 학제를 기본 학제로 위치 지으면서 만 3~5세의 모든 아이들에게 국가가 무상교육으로 유아교육을 제공해야 한다. 많은 나라에서는 만 3~5세 유치원 교육을 기본 학제에 포함하되, 초등학교와 달리 의무교육이 아닌 무상교육으로 전면 실시하고 있다. 유아의 개별적 발달 특성을 고려하고, 학부모의 양육권을 보장하는 차원에서 의무교육이 아닌 무상교육으로 기본 학제에 포함시키고 있는 것이다. 당연히 유치원 교육 과정은 초등학교 진학의 필수요건이라는 강제성을 띠지 않는다. 가정에서 학부모가 직접 아들의 교육을 실시할 때도 교육비를 동등하게 지급해야 한다.

2. 국공립 유치원 대폭 증설과 교육 환경, 근무 조건 개선

국공립 유치원의 대폭 확대가 시급하다. 이는 많은 학부모들의 요청이기도 하고 유아교육의 공공성을 확대하는 가장 기본적인 정책 과제이다. 또한 교사 1인당 과도한 유아 수 등 유치원-어린이집 교사들의 열악한 처우, 격차 해소가 함께 이루어져야 한다. 그러할 때 유아교육 기본 학제화 시스템을 제대로 구축할 수 있고 질 높은 유아교육을 실현해나갈 수 있다.

3. 올바른 유아 발달에 입각한 유아교육과정이 정립되어야 한다.

유아교육과정은 초등교육과정의 선수 학습으로서가 아니라 유아의 발달에 조응하는 체제로 재구성되어야 한다. 놀이와 사물 조작 활동을 중심으로 의사소통 기능 형성 및 기초적인 자기조절 능력을 형성하는 데 초점을 맞추어야 할 것이다. 그런 점에서 선수 학습을 조장하는 현행 누리과정을 폐지 또는 전면 개정하고 놀이와 사물조작 활동을 중심으로 하는 보다 자율적인 유아교육과정을 정립해야 한다.

4. 공공성에 입각한 유보 통합이 이루어져야 한다.

오늘날 대부분의 선진국에서는 유치원과 보육시설을 통합하여 교육기능과 보호기능을 통합하여 수행하는 추세에 있다. 스웨덴, 덴마크, 핀란드, 노르웨이 등에서는 유아의 교육과 보육이 일원화되어 있으며 프랑스, 독일, 이탈리아 등에서는 연령별로 일원화가 되어 있는 상황이다. 우리나라에서도 유아교육을 기본 학제로 위치 지으면서 동일 연령에 대한 일원화된 시스템을 구축할 필요가 있다. 그 방식은 발달 단계에 따라 0~2세 영아는 공보육으로, 3~5세 유아는 유아학교(또는 유치원)의 공교육으로 이루어지는 것이 타당하며 유보 통합은 공공성과 올바른 유아 발달의 관점에서 추진되어야 한다.

표 3_연령별 공보육, 공보육 체제

연령	과제	비고
3~5세	유아학교 체제 구축	무상교육
0~2세	공보육 체제 구축	무상교육

유보 통합은 커다란 시스템 변화이고 많은 재정이 투입되는 일인 만큼 충분한 사회적 논의와 합의가 필요한 일이다. 박근혜 정부에서 유보 통합이 졸속적으로 추진되기는 하였으나 밀실 논의와 비합리적 추진 방식으로 부작용만 낳은 채 실질적 진전을 이루지 못하고 있는 상황이다. 앞으로 전사회적 논의와 합의를 통한 유보 통합을 추진해야 할 것이다.

5. 영유아 돌봄과 교육을 위한 사회적 지원 시스템 구축

영유아 시기는 가정에서의 충분한 돌봄이 매우 중요한 시기이다. 일정 연령이 되어 교육이 가능하고 필요한 시기가 되더라도 과도한 기관 위탁은 바람직하지 않으며 영유아의 올바른 성장과 발달에 적정한 시간(1일 180분)의 교육과 돌봄이 함께 이루어지는 것이 타당하다. 그래서 교육 선진국에서는 3년간 유급 육아 휴직 등 가정 돌봄을 배려하기 위한 사회적 지원 시스템을 강화, 확대해나가고 있다. 우리나라에서도 가정 돌봄을 배려하는 다양한 지원 시스템을 구축해나가야 한다.

4.
모두가 **함께 발달**하는
교육과정으로
-협력 교육과정의 수립

교육과정을 제대로 알고 있는 교사가 없다?

교육과정은 교육 활동을 위한 기본 설계도이다. 좋은 설계도가 마련되어야 교육 활동도 제대로 이루어질 수 있다. 교육과정의 설계도가 가장 필요한 사람들은 교사이다. 하지만 한국의 교사 중에 교육과정을 제대로 알고 있는 교사는 거의 없다. 왜, 그럴까? 교사들이 게을러서일까?

교육과정을 설계하기 위하여 반드시 필요한 것은 두 가지이다.

우선 교육을 통해 길러내려는 인간상과 우리가 지향하는 사회상이 분명해야 한다. 다음으로는 교육을 받는 학생들의 발달과정에 대한 과학적인 이해가 필요하다. 전자가 교육과정의 목표를 정하는 데 필요하다면, 후자는 교육과정의 내용을 구성하는 데 필요하다.

가장 최근의 교육과정인 『2015 개정 교육과정』의 총론에서는 "홍익인간의 이념을 바탕으로 '자주적인 사람', '창의적인 사람', '교양 있는 사람', '더불어 사는 사람'"을 추구하는 인간상으로 기술하고 있다. 2009 개정 교육과정 총론에서 제시한 인간상[4]보다 구체화된 감은 있으나 여전히 추상적이다. 이런 추상적인 표현으로는 교육이 지향해야 할 인간상이나 사회상을 파악할 수 없으며 현장에서 이를 실현해야 할 몫을 지닌 교사들에게는 하나마나한 문서상의 표현에 그칠 수밖에 없다.

또한 교육과정의 어딜 보아도 인간의 지적, 정서적, 의지적, 신체적 발달과정에 대한 과학적인 분석을 볼 수 없다. 초등학교 저학년 단계에 중점을 두어야 할 정서적 발달의 목표가 무엇인지, 고등학교 단계에서 가장 중요한 지적 성장의 내용은 무엇인지 알 수 없다. 단지 교과별로 쉬운 지식부터 어려운 지식 순으로 학년에 따라 배치했을 뿐이다.

따라서 교사들은 시간을 내어 구태여 국가에서 제공하는 교육과정을 공부할 필요를 느끼지 못한다. 자기의 경험에 의지하여 교수-학습 내용을 구성하면 그만이다. 교육과정을 실제적으로 지배하는 힘은 대학입시로부터 나온다.

---

4. 2009 개정교육과정에서는 "우리나라의 교육은 홍익인간의 이념 아래 모든 국민으로 하여금 인격을 도야하고, 자주적 생활 능력과 민주 시민으로서 필요한 자질을 갖추게 하여 인간다운 삶을 영위하게 하고, 민주 국가의 발전과 인류 공영의 이상을 실현하는 데 이바지하게 함을 목적으로 하고 있다"라고 기술되어 있다.

'시험'이 교육과정을 지배하고 있다

　문서상으로만 존재하는 교육과정을 더욱 무력화시키는 것은 대학입시를 정점으로 한 '서열적 평가 시스템'이다. 대학입시에 도움이 되는 교육은 '선'이고 그렇지 않으면 '악'이다. 가장 훌륭한 교육과정은 대학입시에 가장 효율적으로 봉사할 수 있는 교육과정이다. 특히 대학입시에 가까울수록 입시의 지배력은 더욱 커지고 교실 내에서 교육과정 총론이 내세운 '자주적'이고 '창의적'이고 '교양 있으며', '더불어 사는' 인간을 길러야 한다는 원대한 목표는 입시 앞에서 무력화된다. 고교선택제, 특목고와 자사고를 통한 고교평준화 해체와 학생 쏠림 현상은 특정 학교들에겐 입시준비 교육을 더욱 용이하게 할 수 있도록 길을 터준 반면 대다수 학교의 교사들은 수업을 진행하기조차 버거운 상황을 만들고 있다.

　시험이 교육과정을 지배하게 될 경우 가장 큰 비극은 '발달'의 왜곡이 일어나게 된다는 사실에 있다. 교사는 아이들의 성장과 발달에 필요한 교육을 고민하기보다는 시험 성적을 가장 효율적으로 높이기 위한 교육 방법만을 고민하게 된다. 학생들이 교과 내용을 암기하기 쉽게 내용을 요약하고 도식화하여 학생들에게 제공한다. 그리고 반복적인 문제풀이를 통해 정답을 골라내는 능력을 최대화시키는 데 교육 활동을 집중하게 된다. 아이들은 엄청나게 많은 양의 지식을 배우지만, 또한 엄청나게 빠른 속도로 배운 내용을 잊어버린다. 시험을 친 이후에 남는 지식은 거의 없다. 아이들이 스스로 느끼고, 생각하고, 판단하고, 성찰할 기회와 여유를 제공하는 교육은 존재하지 않는다. 이런 식의 교육이 아이들의 지성이나 정서, 의지의 발달에 거의 도움이 될 수 없다는 것은 너무나 당연하다. 오히려 아이들에게 교육은 의미 있고 행복하게 기억되기보다는 고통스러운 것으로 기억된다. 이 시기에 각인된 '경쟁과 강요된 학습으로 인한 고통'은 향후 인간 발달의 과정에서 걸림돌이 된다. 아이들에게 배움은 즐거움이 아니라 고통으로 각인되고, 성인이 된 이후에도 배움과 담을 쌓게 만든다.

실패자를 양산하는 교육과정

'입시 교육'이 중심이 된 학교에서 일상적으로 나타나는 교육 형태는 '진도 나가기-일제식 평가'가 결합된 수업과 평가 체제이다. 일단 교사는 시험에 나올 가능성이 있는 모든 내용을 학생들에게 가르쳐야 한다는 압박감에 시달린다. 그래서 가능한 많은 양의 지식을 빠르게 학생들에게 전달해야 한다. 학습자가 어떤 상태인지 관찰하고 판단하여 구체적으로 어떻게 도움을 줄지 생각할 겨를이 없다. 학습자가 수용하든 말든 정해진 기간 내에 진도를 빼는 것이 교사의 가장 중요한 책무가 된다. 교사는 정해진 내용을 가르치는 데만 충실할 뿐, 학생들의 내면에서 과연 발달적 변화가 일어나고 있는지 마는지에 대해서는 관심을 둘 여유가 도무지 없다.

우리나라 교과서의 양과 난이도는 악명이 높다. 학생의 발달 단계를 전혀 고려하지 않은 채 교과서를 만들어내고 있다. 대학을 나온 학부모들도 초등학교 교과서를 이해하기 힘든 실정이다. 당연히 대다수의 아이들이 과도한 학습량과 높은 난이도 때문에 수업을 따라가기가 불가능하거나, 힘겹게 겨우 좇아갈 수 있을 뿐이다. 아이들과 교사 모두에게 버거운 어렵고 양이 많은 교육과정은 양육 환경의 변화와 맞물려 '경계선 아이들'을 양산하는 원인으로 작용하고 있기도 하다. 교사들은 선진국에 비하면 여전히 많은 학급당 학생 수 때문에 수업을 따라오기 힘들어하는 아이들에게 개별적으로 섬세하게 배려하기가 대체로 어렵다. 학습 결손이 누적되기 시작하고 이것이 일정 기간 지속되면 아예 공부하는 것 자체를 포기하게 된다. 그나마 수업을 따라오는 아이들도 배움이 깊지 못한 경우가 허다하다. 기본적인 원리와 개념을 충분히 익히기보다는 발달 수준에 맞지 않는 어려운 내용을 피상적으로 배우고 문제풀이 기술만 숙달하는 정도에 그친다.

평가는 필수적인 교육 활동의 하나이다. 학생들의 현재의 발달 수준을 진단하여 이후 교육 활동의 계획을 세우는 데 유익하다. 하지만 한국의 평가는 철저하게 학생들을 한 줄로 세워 서열화하기 위해 실시되고 있다. 12년 동안 '진도 나가고 시험보기'가 반복되면서 많은 학생들은 실패를 반복적으로 경험하게 되고, 모든 학생들이 시험 때문에 엄청난 스트레스를 받게 된다. 시험 성적이 안 좋은 학생들은 열등감에 시달리고 시험 성적이 좋은 학생들은 불안감에 시달린다.

결국 학년이 올라갈수록 더 많은 학습 실패자가 양산되고, 학습을 거부하는 학생들이 늘어난다. 학습 부적응은 생활 부적응으로 전이되고, 교사와 학생 상호 간의 갈등과 상처는 더욱 커져 간다.

▶과거와 미래의 카오스, 『2015 개정 교육과정』

• 21세기형 '인적 자원 개발' 교육과정

2015 개정 교육과정 총론에서는 "모든 학생들이 인문·사회·과학기술에 대한 기초 소양을 함양하여 인문학적 상상력과 과학기술 창조력을 갖춘 창의융합형 인재로 성장할 수 있도록 우리 교육의 근본적인 패러다임을 전환하고자 하는 교육과정"으로서 이를 위해 '미래 사회가 요구하는 핵심 역량'을 기를 수 있는 방향으로 교육과정을 개발하였다고 밝히고 있다.

얼핏 보기에는 긍정적인 표현이 많고 스스로 패러다임적 변화를 지향하는 새로운 교육과정이라고 선전했지만 2015 개정 교육과정은 교육적, 사회적, 실질적 폐단이 줄곧 지적되어 온 수준별, 선택형 교육과정을 여전히 기본 형태로 유지하고 있는 등 7차 교육과정의 틀과 크게 다르지 않다.

• 학교의 부담을 가중시키는 교육과정

2015 개정 교육과정은 각종 주변적 요소를 교육과정에 배치하면서 매우 어수선해졌다. 스포츠클럽 활동과 중1 자유학기제 전면 실시가 대표적이다. 기본적 교육과정은 그대로인 채 이를 추가적으로 운영하려면 학교의 부담이 매우 커지고 내실을 기하기가 어렵다. 교사도 학교 시설도 그대로인데 소화해야 할 것들이 추가되다 보니 모든 것이 어수선하고 교사들은 힘이 든다.

• 퇴행적 교육과정: 역사 교과서 국정화와 '안전교육' 신설

역사 교과서 국정화는 교육을 지배 집단의 정치적 도구로 이용했던 과거의 행태를 고스란히 다시 보여주는 사례이다. 또한 '안전교육'을

정규 교육과정에 포함시킨 것은 세월호 참사의 책임과 원인이 교육의 부재에서 찾을 일이 아님에도 자신들의 치부를 교육의 문제로 환원시켜 책임을 회피하려는 비윤리적 시도이다. 교육의 중립성을 교사들에게만 강요하고 정치적 수단으로 교육 내용을 날조하고 이용하였던 과거 정권들이 연상된다.

• 발달적 관점이 없는 교육과정
교육과정의 목표로 핵심 역량을 전면에 내세운 점이나 양보다 질을 추구한다는 방침은 현재 전 세계적으로 협력과 발달을 중시하는 새로운 교육 패러다임으로의 전환 흐름과 요구가 일정하게 반영된 결과라고 볼 수 있다. 하지만 위에서 협력을 기반으로 한 인간 발달의 교육철학은 없다. 2015 개정 교육과정의 배후는 여전히 도구적 교육관이며 발달에 대한 과학적 인식이 결여되다 보니 학생들과 교사들에게 버겁기 이를 데 없는 무리한 교육과정을 강요하는 결과를 낳고 있다. 이는 교육이 아니다. 폭력이다.

발달과 협력 중심의 교육과정

교육의 최우선 목적은 사회를 이끌어나갈 인재를 키우거나 사회에서 요구하는 노동력을 양성하는 것이 아니다. 모든 인간의 발달을 최대한 이끌어내 행복하고 주체적인 삶을 영위할 수 있는 역량을 키우는 것이다. 즉 교육은 인간의 전면적 발달을 추구해야 하며 신체적, 인지적, 정서적인 모든 면에서의 균형 있는 성장을 목표로 해야 한다.

그런데 인간의 발달과 성장을 가장 잘 이끌어낼 수 있는 교육 방법은 무엇일까? 지금까지 한국 교육은 '경쟁'을 통해서만 학생들을 공부시킬 수 있다는 전제하에 움직여 왔다. 하지만 위에서 지적하였듯이 경쟁은 대규모의 실패자만 양산하였으며, 소모적이고 무모한 고통만 가중시켰을 뿐이다.

인간의 발달은 인간 간의 상호작용을 통해 가능하다. 교사와 학생, 학생과 학생, 학교와 사회 사이의 협력적인 상호작용만이 인간의 발달과 성장을 이끌어낼 수 있다. 신체적, 인지적, 정서적으로 총체적인 인간 발달이 이루어지려면 '협력'에 기초한 사회적 관계 속에서 교수-학습이 이루어질 수 있도록 교육과정을 재구성해야 한다. 이것이 바로 '발달과 협력의 교육과정'을 수립해야 하는 이유이다.

아동의 성장 단계에 맞는 발달의 목표가 설정되어야 하며, 이를 실현할 수 있는 협력적 교수-학습 방법이 마련되어야 한다. 아래의 표는 발달과 협력 중심의 교육과정을 위한 기본적인 골격을 정리한 것이다.

표 2-9_ 발달과 협력에 기초한 목표 예시안

단계	중심 활동	중심 발달 기능	핵심 내용과 발달 목표
유아 초기	정서적 교류 신체적 활동	말 발달	정서적 교류와 놀이를 통한 기본적 의사소통 기능 형성으로 자기 자신과 외부 세계에 대한 통제력 획득 시작
유아	놀이와 대상 중심적 활동	자기 규제	다양한 사물의 조작과 직접적 대상을 통한 낱말 습득, 모국어 듣기, 말하기를 통한 의사소통 기초 형성 및 유아학교에서의 사회생활을 통해 기초적인 자기 조절 능력 형성

초등	학교에서의 학습 활동 (텍스트 이해와 쓰기, 산술체계 기초 습득, 연극 활동 등을 통한 기초 표현 및 노작)	자발적 주의 논리적 기억	모국어 문해 능력을 중심으로 기초 학습 기능의 숙달, 다양한 기초 노작 활동
중등	동료와의 협력 활동과 자치 활동	개념적 사고 의지 구조화된 세계관	보편적 교양 중심, 개념적 사고 형성 시작, 외국어 학습 시작, 주제학습 및 심화된 노작 활동, 평생학습에 대한 욕구 형성
고등	협력을 통한 학문적 개념 학습과 연구 및 노동능력 형성	복합적 창조성 비판적 사고	학문적 교양 중심, 전문적 지식, 직업교육, 노동 활동, 비판적 사유 능력 형성
성인	협력적 노동 활동 창조적 문화 활동 주체적 사회 활동 참여	협력적 의사소통 관계적·과정적 사고 비판적 성찰	사회적 교양 중심(사회교육기관, 노동현장 내 교육문화 프로그램 등) 노동 활동을 통한 학문적 지식의 구체적 수준으로의 상승과 숙달 다양한 문화 활동을 통한 창조적 능력의 확장 사회 활동 참여를 통한 정치의식의 고양(노동조합, 정당, 사회단체 등)

- 교육 목표: 유아, 초등, 중등, 고등, 성인교육 등 각 발달 단계의 교육 목표 제시
- 교수학습 목표: 학문, 지식 습득의 양적 기준이 아닌 발달 기능 중심으로. 개념의 피상적 이해를 넘어서는 진개념의 형성을 통한 개념적 사고 기능 발달. 지성, 정서, 의지의 발달을 전 교과의 공통된 지향으로 설정
- 연간 이수 기준을 상한선과 하한선 제시
- 영역: 교과 영역, 관심 특기 영역, 자치 활동 영역
- 시간 편재: 오전 교과 활동, 오후 관심 특기나 자치, 주당 학습 시간은 초등 20-25시간, 중등 기초 26시간, 중등 심화 30시간 정도 (5일제 수업 기준)
- 교과의 분화와 통합: 초등 단계의 낮은 수준의 분화에서 시작하여 중등 단계에서 점진적 세분화와 아울러 범교과 주제 활동 결합
- 이질적 학습 집단 구성(수준별, 능력별 집단 편성 금지)
- 학습 결손 보충 과정 및 학습장애 행동장애 정서장애를 포함한 특수교육 영역에 대한 적극적 지원
- 교수학습: 집단적 과정과 개별적 과정의 결합, 새로운 지식과 기능뿐만 아니라 평생학습을 위한 도구의 역할을 하게 될 '학습하는 습관'과 학습의 중요성과 기쁨을 경험하는 과정(과도한 양적 부담과 상대평가로 인한 고통이 반드시 줄어야 함)
- 평가: 발달적 평가의 개념 제시 및 발달기록부 양식 제시
- 교사: 학생 이해를 위한 관찰과 진단, 처방의 전문가이자 교육과정 편성과 평가의 주체

교육과정의 재구성

교육은 한 사회 내에서 바람직한 인간을 길러내는 활동이다. 따라서 교육 목표의 설정은 바람직한 사회상과 인간상으로부터 출발할 수밖에 없다. 우리가 원하는 사회는 '자유롭고 평등하며 자연과 공존하는 공동체 세상'이며, 우리가 바라는 인간상은 '더불어 사는 삶을 소중히 여기는 주체적 인간'이다.

따라서 교육과정은 인권, 노동, 생태, 평화 등의 가치를 지향하는 내용을 담고 있어야 한다. 타인을 존중하고 타인과 공존할 수 있는 기본적인 삶의 태도와 세계관을 담고 있는 인권교육, 인간과 사회의 유지와 존속의 기본적인 토대로서의 노동의 가치를 긍정하고 학생 대다수의 미래인 노동자의 권리의 소중함을 배우는 노동교육, 인류의 지속가능한 삶을 위해 자연과 공존할 수 있는 삶을 배우는 생태교육, 전쟁과 분단 등 국가간 폭력뿐만 아니라 인간과 인간 사이의 불평등과 착취를 근절시키는 것을 지향하는 평화교육 등이 교육과정의 전체를 관통해야 한다.

또한 인권, 노동, 생태, 평화가 꽃피울 수 있는 토대로서의 민주주의는 단순히 교과 내용으로서가 아니라 학교생활 속의 실천적인 경험을 통해 배울 수 있어야 한다. 이를 위해 학교는 훈육과 통제의 공간에서 벗어나 자치와 공동체적 삶의 활력이 넘치는 공간으로 변화해야 한다.

한국의 교과 난이도와 양은 세계 최고다. 과도한 학습 내용은 피상적인 학습, 학습 포기, 학교 밖 과외 학습 증가를 일으키고 창의력을 기대할 수 없다. 보통교육의 목표에 맞게 교육 내용 구성하고 교과별로 최소 필수 학습 요소를 정선하여 교육 내용을 적정화해야 한다.

초등은 학년 내 교과목 간 내용적 연관성을 확보해야 하며 초등 저학년의 통합과목을 기초로 고학년에서도 과목 통합성을 높여 나가 현재보다 과목 수를 줄여가야 한다.

중고등학교통합을 전제로 할 때, 통합 중등 단계에서는 대다수의 교과를 필수 공통교과로 설정하며 계열과 과정의 분리도 불필요하다. 계열과 과정의 실질적 분화는 고등교육 단계에서 이루어지도록 한다. '특수교육'이 불가피하다고 여겨지는 다양한 분야의 영재, 장애아 등을 위해서는 이를 배려한 별도의 교육과정 프로그램을 구성하여 운영하되 이 역시 보편 교육의 기초위에 서 있도록 한다.

이렇듯 교육의 양과 난이도를 적정한 수준으로 조정하면 지식 위주의 교육 활동에서 벗어나 다양한 교육 활동이 가능해진다.

국영수 교과의 상대적 비중을 축소해야 하며 초등 영어 교과는 폐지되어야 하며 외국어 교육은 중등부터 시작해야 한다. 또한 교과 내용의 측면에서 해당 교과의 교과 목표를 지식정보의 전달과 암기라는 측면보다 개념형성 능력 습득과 학습자의 문화적 리터러시(반성적 판단력, 창의력, 기획력, 상상력, 감수성, 의사소통 능력, 매체 해독 및 사용 능력)를 함양하는 데 역점을 두어야 한다. 학생 자치 활동, 동아리 활동을 축으로 하는 다양한 교육 활동이 교과 교육과 동일선상에서 배치되어야 할 것이다.

평가 체제가 바뀌어야 교육이 산다
-절대평가, 질적 평가의 도입

교육의 과정을 왜곡시키지 않으며 발달과정에 복무할 수 있는 새로운 평가 방식이 도입되어야 한다. 이를 위해 교육 평가의 성격과 역할을 다시 규정해야 한다. 수량화와 비교, 점수를 무기로 통제하고 관리하려는 의도에서 벗어난 새로운 교육 평가가 필요하다. 우선, 타인과의 비교가 아니라 교육과정과 교사가 정한 기준의 충족 여부를 평가의 잣대로 삼는다. 학습 결손이 누적된 채 오랜 기간 방치되어 더 이상 손조차 댈 수 없게 될 경우가 있다. 평가는 교사가 학생의 지식습득과 전반적인 성장 상태를 판단하여 적절한 피드백을 제공할 수 있는, 교육을 위한 유용한 보조도구이다.

절대평가는 흔히, pass/fail 평가방식을 말한다. 보다 세분화된 절대평가도 가능하다. 예를 들어 상·중(pass)·하(fail) 3단계 또는 1·2·3(pass) 4·5(fail) 5단계 평가를 통해 자기 수준을 보다 엄밀하게 측정하는 데 도움을 줄 수도 있다. 절대평가 체제에서는 내신 산출을 위한 획일적 평가 체제(중간/기말고사) 대신 교수-학습과정에서 일상적인 진단·형성 평가를 실시하고 객관식 위주의 평가에서 구두, 서술식 등 다양한 평가방식을 도입한다.

절대평가보다 더욱 중요한 것은 질적(발달적) 평가이다. 기존의 점수 위주의 양적 평가를 지양하고 학생의 현재의 발달 수준과 문제점 그리고 잠재적 가능성까지 포괄적으로 서술하여 교사와 학생 모두의 향후 교육 활동을 위한 유익한 처방전으로 활용할 수 있도록 한다.

표 2-10_양적 평가와 질적 평가의 비교

	양적(전통적) 평가	질적(발달적) 평가
평가 결과	양적 측면을 숫자화	질적 측면을 기술
평가 영역	인지적 측면 중심	신체적, 정서적, 사회적, 인지적 측면 포함하여 전면
평가 대상	개별 학습자의 학습 결과	개별/전체 학습자의 학습 과정
평가 방식	지필 평가 위주	관찰과 대면 위주
평가 중점	발달 결과	발달 과정
평가 활용	서열화, 선발	전면적 발달을 위한 처방

(주의해야 할 점이 있다. 현재의 입시체제를 그대로 둔 채, 절대평가 체제로 전환하는 것은 내신 무력화를 초래할 위험이 있다. 따라서 절대평가 체제로의 전환은 입시폐지와 동시에 진행될 때만 긍정적인 효과를 낼 수 있다.)

새로운 교육과정은 사회적교육과정위원회 설치로부터

교육과정 개편에 있어 우선 해결할 문제는 소수가 독점하는 폐쇄적인 교육과정 정책 수립 구조의 극복이다. 잘 알려진 대로 지금까지 교육과정 개정 작업은 정부가 주도해왔다. 게다가 교육과정에 대한 면밀한 평가도 거치지 않고 정권이 바뀔 때마다 교육과정이 기계적으로 개정되었다는 것도 잘 알려진 사실이다. 또한 학계 연구자들에게 편성 과정을 거의 내맡기면서 학문 영역 중심, 교과지식 중심의 교육과정 편성으로 앎과 삶이 괴리된다는 문제점을 벗어날 길이 묘연했다.

교육과정은 교육 분야는 물론 사회 전반에 두루 파급력을 미친다. 이를 심각하게 생각한다면 소수 독점 구조를 더 이상 방치해서는 안 된다는 결론에 자연스레 이른다. 그래서 교육부로부터 독립적인 사회적 합의기구로서 '사회적교육과정위원회'가 반드시 필요한 것이다. 국민들의 올바른 요구를 수렴하고 교육과정의 사회적 합의과정을 도출하기 위해 교육과정위원회를 민주적으로 구성하고 민주적 논의의 틀을 만드는 일이 중요할 것이다. 사회적교육과정위원회는 이후의 교육과정 질 관리를 책임지기 위해 상설화할 필요가 있으며, 새로운 교육과정으로의 전면 개편 이후에는 교육과정의 현장 적용과 문제점을 해결하기 위해 필요시 수시·부분 개정할 수 있도록 교사와 학교에 교육과정 편성의 자율권을 부여하는 한편, 아울러 교사별 평가 체제를 도입, 정착시켜나가야 한다.

III

대한민국, 교육을 혁명하라 2
(공교육의 민주화)

1.
대통령이 바뀌면
교육이 바뀔까?
-국가교육위원회 설치

교육부-시장주의 교육정책의 집행자

대통령 중심제의 정치제도를 갖고 있는 나라에서는 대통령이 바뀌면 세상이 바뀔 것처럼 여기는 사람들이 많다. 새로운 대통령을 뽑은 후 매번 실망하면서도 대통령 선거가 다가오면 사람들은 다시 새로운 기대와 열정에 몸을 맡긴다.

물론 대통령의 권한은 매우 크다. 하지만 대통령 위에 있는 세력들이 있다. 바로 거대한 관료 조직이다. 대통령이 바뀌어도 대부분의 관료들은 바뀌지 않는다. 겉으로 보기에는 대통령이 마치 모든 정책을 결정하여 지시하는 것처럼 보인다. 하지만 대통령이 관료들에게 지시하는 정책을 입안한 것도 관료이며, 정책을 실행하는 주체도 관료이다. 극단적으로 표현하면 대통령은 관료들의 정책에 국민의 선택이라는 당의정을 입혀주는 존재에 불과하다.

교육과학기술부(이하 교과부)에는 약 700여 명의 관료들이 근무하고 있다. 그 중에 60여 명 정도가 현장 교원 출신들이고 나머지는 일반직 공무원들이다. 일반직 공무원들은 주로 실무를 담당하는 하위직 공무원과 정책을 입안하고 부서를 총괄하는 고위직 공무원들로 나눌 수 있다.

그런데 이 중에서 교육정책의 결정권을 교육부 고위 관료들이 독점하고 있는데, 이들의 대부분은 교육 현장의 경험이 전혀 없으면서 행정고시를 통해 관료체제에 들어온 사람들이다. 그러다 보니 교육 현장에 대한 현장감이 없으며 직접적 교육 활동과정에서 발생하는 과제와 문제점을 파악하는 데에서 간접적일 수밖에 없다.

더욱이 교육부 관료들은 1995년 이후 신자유주의 교육 관점을 가지고 학교 서열화, 교육 양극화, 입시 경쟁을 심화시킨 정책을 일관되게 추진해왔다.[5] 이러다 보니 교육 주체들과 국민들은 교육 공공성, 교육복지, 입시 경쟁 교육과 교육 불평등 해소를 수십 년 동안 요구하고 있지만 교육부는 대다수 국민들의 염원에 역행하는 정책들을 아랑곳하지 않고 밀고 나가고 있다. 공청회조차도 국민 여론을 듣기보다는 잘못된 정책을 관철하는 수단으로 삼고 있다. 국민들과 교육정책의 피드백이 이루어지지 않는 독선적 정책 집행으로 인해 경제논리와 기득권층의 요구에 근거한 교육 논리가 지배하고 있다.

이런 문제점들을 보완하기 위하여 현장 교사들을 교과부에 파견하는 이른바 전문직 제도를 도입하였다. 하지만 숫자나 권한에 있어서

---

5. 최근 우리나라 교육정책을 총괄하는 교육부정책기획관의 발언은 교육부 관료들의 인식 체계의 단면을 보여주고 있다. "신분제를 고착화시켜야 한다. 어차피 다 평등할 수 없기 때문에 현실을 인정해야 한다. 99%의…… 민중은 개·돼지 취급을 하여도 된다"(『경향신문』 7. 8). 이러한 인식 체계와 교육부의 신자유주의 교육정책, 특권 학교 강행 정책은 서로 긴밀하게 연결되어 있다.

전문직 교사들이 일반 관료들을 견제하기에는 역부족이다. 더구나 전문직에 파견된 교사들의 대다수도 교장과 교감으로 승진하기 위한 징검다리로 전문직에 진출한 사람들이다. 이들에게 자기보다 위에 있는 일반직 고위 관료와 싸우면서 현장의 목소리를 반영하도록 기대하는 것은 무리일 수밖에 없다.

결국 교육 현장에 대한 이해가 부족한 상황에서 교육부는 교육 주체들과 광범위하게 소통하여 의견을 수렴하여 교육정책을 수립하기보다는 대통령의 지시, 경제부처의 요구 등 정치, 경제 논리와 상명하복의 조직 논리에 민감하게 반응하고 있다. 따라서 교육부에서 수립하는 교육정책은 전문성, 현장성에서 한계를 드러내고 있으며, 교육 현장과 교육 주체들의 요구에 근거하여 정책을 수립하는 자주성의 측면도 지극히 취약할 수밖에 없다.

교과부 해체, 국가교육위원회 설치

이러한 상황을 근본적으로 바꾸기 위해서는 교육부 관료 주도의 교육행정기관을 대체하고 새로운 교육 집행기관을 세워야 한다. 교육은 대다수의 국민들의 직접적인 이해관계가 걸린 분야이기 때문에 소수 교육부 관료들의 독점물로 남겨둘 수는 없으며, 각계각층 국민의 요구를 반영하는 형태로 재구성하여 교육의 민주성을 강화하여야 한다.

이러한 맥락에서 각계각층의 국민의 요구를 반영하고 교육 공공성을 바탕으로 교육정책을 세우기 위해서는 교과부를 해체하고 국가교육위원회를 설치할 필요가 있다.

국가교육위원회는 교원(교사＋교수), 학생(대학생 대표), 학부모 대표, 공익적 사회단체 대표, 교육 전문가들로 구성한다. 정부, 정당, 교원단체, 학부모단체, 학생단체, 공익적 사회단체의 추천을 받아 구성하며, 중요한 교육정책을 심의하고 의결하는 역할을 담당한다.

국가교육위원회 산하에 유초중등 위원회, 대학교육위원회, 평생교육위원회를 설치하고 별도로 사회적교육과정위원회를 설치한다. 그리고 이들 위원회 산하에 위원회에서 정책 집행을 담당할 실무기구로 집행기구를 설치한다.

산하 위원회와 집행기구에는 반드시 해당 분야의 현장 경험이 있는 사람(즉 교사, 교수, 평생교육 관련 종사자 등)이 전체 인원의 2/3가 넘도록 하여 정책의 현실성을 높여 나가고, 위원회와 현장 간의 상호 소통체계를 활성화시킨다. 위원회와 집행기구에서의 활동이 승진을 위한

그림 3-1_ 국가교육위원회의 구성

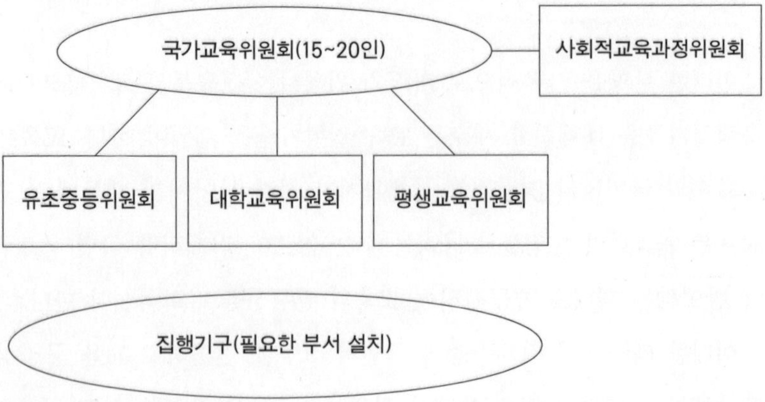

징검다리가 되지 않기 위하여 임기가 끝나면 반드시 원직으로 복직하는 것을 원칙으로 한다.

국가교육위원회의 유형

그간 국가교육위원회에 대한 공감이 확대되면서 다양한 방안이 검토되었다. 제출된 국가교육위원회의 위상과 관련한 논의를 단순화하면 다음과 같다.

표 3-1_ 국가교육위원회의 위상에 따른 유형(이념형)

위상 ＼ 성격	정책 수립(자문)기구	정책 수립·집행기구
대통령·행정부 소속	A 유형 (사례: 교육개혁위원회)	B 유형 (사례: 방송통신위원회)
행정부로부터 독립		C 유형 (사례: 국가인권위원회)

A유형은 국가교육위원회가 중장기 교육정책 수립을 담당하고, 집행은 교육부가 담당하는 체제이며, B유형은 국가교육위원회가 정책 수립과 집행을 모두 담당하는 체제로 교육부의 전면적 재편을 포함하고 있다. C유형은 행정부로부터 독립한 기관으로 정권교체에 관계없이 지속성을 갖는 것을 주요 특징으로 하며, 역시 정책 수립과 집행을 담당하고 있다.

A유형은 실제로 김영삼 정부 이후 여러 차례 시도하였지만 교육부

의 교육 독점을 막고 교육 주체들의 사회적 합의에 기초하여 추진하는 데에는 효과를 발휘하지 못하였다.

B유형과 C유형의 공통점은 교육 사업을 관장하는 별도 기구로 교육부 사무를 이관한다는 것이고 사회적 논의와 민주적 결정이 이루어지는 방식으로 조직을 구성한다는 것이다. 차이점은 행정부와의 독립성의 정도로 B유형이 정책의 민주적 결정을 담보하면서도 행정부의 일원으로 교육 개편에서 강한 추동력을 가지고 있다면, C유형은 B유형보다 초정권적, 초정파적 위상을 강하게 가지고 있다.

어떤 국가교육위원회를 만들지는 당면 과제를 해결하는 데 가장 적합한 것이어야 한다. 현 단계 교육 개편의 핵심과제는 신자유주의 교육 패러다임을 대체하고 공공성에 입각한 새로운 교육 패러다임을 실현하는 것이다. 그리고 이러한 교육 개편이 신자유주의 교육개혁을 옹호해왔던 세력과 대립과 대결 속에서 진행된다고 할 때, 공교육 개편을 확실하고 정확하게 집행할 수 있는 새로운 주체와 강한 추동력을 필요로 한다.

이러한 과제를 만족시키기 위해서는 행정부에 소속한 B유형의 국가교육위원회가 적합하다. 즉 사회적 합의에 기초하되 공교육 개편을 강하게 추동하는 국가교육위원회가 현시점에서 필요하다. 그리고 강력한 집행력으로 공교육 개편이 일단락되면 중기적으로 C유형으로 전환할 수 있을 것이다. 향후 C유형으로 위상을 조정하여 국가교육위원회의 독립성을 강화하고 교육의 자주성을 높일 수 있을 것이다.

교육청을 학교 지원센터로

전국에는 17개의 시도 교육청과 180개의 시군구 교육청이 존재한다. 교사들에게 교육청하면 떠오르는 이미지를 묻는다면 아마 대다수가 '공문'이라고 대답할 것이다. 실제로 교사들이 교육청의 존재를 실감할 수 있는 거의 유일한 고리는 공문이다. 한국의 교육청들은 엄청나게 많은 공문을 생산하고 이를 학교에 내려보낸다. 학교는 교육청에서 내려보낸 공문에 따라 학교를 운영하고, 교육청이 요구하는 엄청난 양의 보고문을 작성하여 교육청에 보낸다.

그림 3-2_기존의 교육청과 학교의 관계

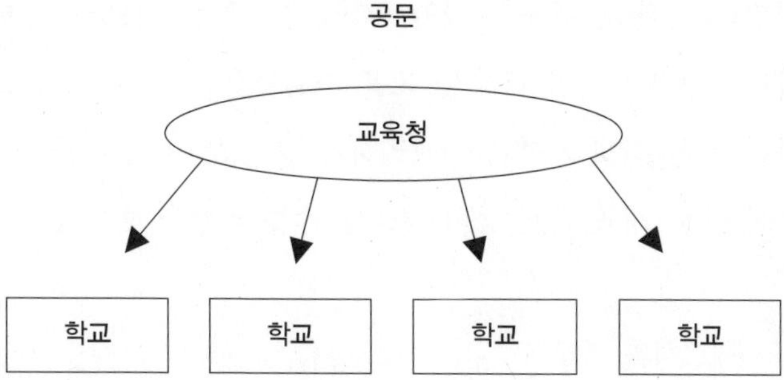

공문

한마디로 교육청은 학교 위에 군림하면서 공문을 매개로 하여 학교를 지배해왔다. 교육청은 학교 자치를 질식시키고, 학교를 교육보다는 행정업무 처리에 허덕이게 만든 주범 중 하나다. 더 이상 학교 위에 군림하는 교육청은 필요 없다. 교육청은 옆에서 학교를 지원하는 새로운 기구로 다시 태어나야 한다.

그림 3-3_ 새로운 학교지원센터와 학교의 관계

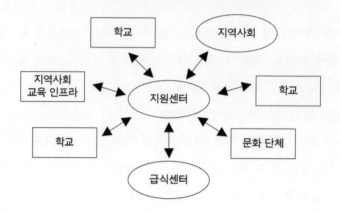

〈그림 3-3〉에서 볼 수 있듯이 시군구 교육청들은 모두 학교 지원센터로 전환해야 한다. 학교와 지역사회의 연결하는 허브의 기능을 하면서 학교가 지역사회의 다양한 교육 자원들을 활용할 수 있도록 도와야 한다. 또한 학교 자체에서 처리하기 힘든 행·재정적 문제들 예를 들어 급식 문제, 시설 문제 등의 처리를 돕는 역할을 해야 한다.

▶학교지원센터의 역할

• 학교와 지역사회의 다양한 연계 활동 지원
• 지역에서 청소년을 위한 교육-문화-체험 활동이 가능한 인프라의 구축과 관리
• 학교 시설 관리 지원 및 급식 지원 시스템 마련 등 학교에 대한 행정적·재정적 지원
• 지역 주민의 평생학습 지원

교육청 학교지원센터로 전환하면, 학교는 그동안 교육청의 일방적인 명령에 복종하던 관행에서 벗어나 학교 주체들에 의한 자율적 운영이 가능해질 것이다. 학교의 여건에 맞는 다양한 교육이 활성화될 것이다. 또한 지역사회로부터 고립된 섬으로 남아 있던 학교가 지역사회와 폭넓게 교유하면서 학교의 교육 역량도 비약적으로 성장할 것이며 교육 프로그램도 다양하게 확장될 것이다.

그림 3-4_민주적 교육행정 체제의 개편안

```
┌──────────── 학교 수준 ────────────┐
│                                    │
│       학교자치위원회 설치            │
│   교직원회, 학부모회, 학생회 법제화   │
│       교장선출보직제 실시            │
│                                    │
└────────────────────────────────────┘
                 ⇩
┌──────────── 지역 수준 ────────────┐
│                                    │
│   장학위원회 도입(현장 교사 중심)     │
│      교육청을 학교지원센터로         │
│       교육감 직선제 정착            │
│                                    │
└────────────────────────────────────┘
                 ⇩
┌──────────── 국가 수준 ────────────┐
│                                    │
│       국가교육위원회 설치            │
│   (산하에 사회적교육과정위원회 설치)  │
│    현직 교육 중심의 집행기구 설치     │
│       (기존의 교과부 해체)          │
│                                    │
└────────────────────────────────────┘
```

시도 교육은 교육감 직선제 도입으로 역동적으로 변화하고 있다. 우리나라의 교육감 선거는 주민의 참여가 지속적으로 확대되어오는 과정이었다. 선출 방식도 '지방의회 교육위원회에서 선출 → 학교운영위원 일부로 구성된 선거인단에서 선출 → 학교운영위원회 위원 전원으로 구성된 선거인단에서 선출 → 주민 직선으로 선출'로 참여 규모가 확대되어왔다.

교육감 직선제를 통해 주민의 교육적 요구가 수렴되는 것은 물론 선거 이후에도 시민들의 참여를 이루어내는 거버넌스를 발전시켜왔다. 교육감 후보자들은 지역의 교육현안에 대해 주민들의 교육적 요구를 수렴하여 의제화, 정책화하였고, 교육감 당선이후에도 주민들의 교육적 요구를 개발하려는 노력을 지속하고 있다. 교육감 직선제는 보수와 진보의 교육감 지형에도 변화를 가져왔다. 주민들의 교육적 요구를 제대로 수렴하고 정책으로 제시한 민주진보 교육감들이 대거 당선되면서 시도 교육감 판세가 진보 교육감 우위로 바뀌었다.[6]

▶민주진보 교육감의 주요 정책[7]

• 친환경 무상급식, 무상교육의 확대로 보편적 교육복지의 토대를 구축
• 발달과 협력, 참여와 혁신으로 교육을 바꾸는 혁신학교를 확대
• 고교평준화 정책을 도입하여 교육 평등권의 확대와 공교육의 정상화에 기여

---

6. 2010년 선거에서는 6개 시도에서 민주진보 교육감이 당선되었으며 2014년 선거에서는 13개 시도에서 민주진보 교육감이 당선되었다.
7. 2016총선대응 교육정책연석회의, 2016교육정책제안서.

- 체벌 금지, 두발 자유, 강제 보충학습 금지 등 학생인권조례를 제정
- 교육 주체의 참여를 제도화하고 교육 청렴도를 상승

    교육감 직선제 이후 무상교육, 평등교육, 교육 주체의 참여 제도화 등이 정책화되면서 교육의 공공성이 강화하고 민주주의를 발전시켜왔다. 그리고 시도 교육청의 교육 공공성 강화와 민주주의 진전은 교육부 관료들이 주도하는 신자유주의정책으로부터 공교육의 궤도를 정상화하는 것이었다. 이러한 상황은 임명제와 대비되는 교육감 직선제의 본질적 성격에서 기원하는 것이다. 따라서 교육 공공성과 교육민주화를 진전시키기 위해서는 교육감 직선제를 정착시켜 교육자치를 발전시켜나가야 한다.

2.
학교의 주인은
누구인가?
-학교자치위원회와 대학평의회 설치

교장과 이사장이 학교의 주인?

다음과 같은 질문을 던져보자. "학교를 설립할 때 돈을 댄 초기 투자자와 학교에서 일상적으로 가르치고 배우는 일을 담당하고 있는 교사(교수)와 학생 중에 누가 학교를 운영하는 주체여야 하는가?" 아마 대부분의 사람들은 교사와 학생이라고 대답할 것이다. 학교의 주인은 학교를 세우는 데 돈을 댄 사람이 아니라 학교의 핵심적인 기능인 가르치고 배우는 일을 담당하고 있는 교사(교수)와 학생인 것이다.

하지만 불행하게도 한국의 교육 현실은 그렇지 못했다. 사립학교에서는 이사장이 제왕적 권력을 휘둘렀고, 공립학교에서는 국가 권력의 대리인인 교장이 모든 권한을 독점하였다. 지금 학교 현장에는 형식적으로는 학교운영위원회를 비롯한 수많은 위원회들이 존재하지만 학교운영은 여전히 이사장이나 학교장의 마음먹기에 달려있다.

지금까지 교육은 최상층의 정치권력 → 고위 관료(교육부, 교육청)

→ 이사장이나 학교장(학교) → 교사(교수) → 학생으로 이어지는 수직적인 관료체제에 의해 지배당해왔다. 누구나 위에서 시키는 대로 해야 할 뿐 스스로 판단하거나 주체적으로 행동할 수 없었다.

국가공무원법 제57조(복종의 의무)는 "공무원은 직무를 수행할 때 소속 상관의 직무상 명령에 복종하여야 한다"라고 명시하고 있다. 이 조항은 여전히 맹위를 떨치고 있으며 가장 빈번하게 교사들의 해직 근거로 악용되고 있다. 적어도 학교에서만큼은 이런 법 조항이 빨리 사라져야 되지 않을까?

교장을 CEO로 만들면 학교가 변화하지 않을까?

최근에 제왕적인 학교장을 대신하여 CEO형 교장에 대한 이야기가 부쩍 많아지고 있다. 사실 학교장들도 학교에서는 제왕이었지만 윗선에 있는 교육 관료들의 마름에 불과하였다. 이렇듯 끊임없는 권력의 먹이사슬의 말단에 학교가 위치해 있었고 이로 인해 학교 현장에는 상명하복의 경직성과 무사안일의 관행이 넘쳐나고 있었다.

그렇다면, 관료주의의 폐해를 없애기 위해 학교장에게 단위 학교에 대한 경영권을 부여하고 그 결과를 평가하여 책임을 묻는 기업적 경영 방식을 도입하면 좋지 않을까? 실제로 학교의 성과를 측정하기 위한 각종 평가제도가 도입되고 있다. 전국적으로 일제고사를 실시하여 학생들의 성적으로 학교 줄 세우기를 하고 있다. 학생의 성적은 물론 학생들의 체력까지 지표화하여 학교를 평가하고 이 결과에 따라 교사들에게 차등 성과급을 지급하고 있다. 학생과 학부모는 매년 모든 교사들을 평가하고 있다.

하지만 이러한 요란스러운 평가제도들을 도입한 결과는 무엇일까? 요즘 학교 현장은 분주하다. 학교 평가에서 상위 점수를 얻기 위해 각종 전시성 행사를 해야 하고 업적을 보고하기 위해 형식적인 서류 작성을 해야 한다. 일제고사에서 성적을 올리기 위해 초등학교까지 문제풀이를 위한 방학 강제 보충 수업을 실시하고 있다. 학부모와 학생에 의한 교원평가에 의해 교사들의 자질이 향상되기보다는 교사들의 자존심만 상처받고 있다.

그렇다고 관료적 통제가 줄어든 것도 아니다. 여전히 교육 관료는 모든 교육정책 결정권을 독점하고 있으며, 교장은 학교에서 제왕적이다. 관료적 통제에 시장적 통제가 결합되면서 학교 현장은 더욱 절망적으로 변하고 있을 뿐이다.

교사-학생-학부모가 주인 되는 학교는 가능할까?

학교는 당연히 가르치고 배우는 곳이다. 따라서 좋은 학교란 좋은 가르침과 배움이 일어나는 곳이다. 그러면, 어떻게 좋은 가르침과 배움이 일어날 수 있을까?

우선 교사의 측면에서 살펴보자. 좋은 교사가 되려면 책임감이 높아야 한다. 그런데 위에서 이해도 동의도 할 수 없는 정책을 강제할 때 교사의 자발적 책임감이 높아질 수 있을까? 그는 다만 형식적으로 그 일을 처리할 것이다. 이런 과정이 반복되면 스스로 생각하고 판단하기를 포기할 것이며, 대충 책임만 면하려고 할 것이다. 교사들의 책임감을 높이려면 스스로 고민하고 스스로 판단하고 스스로 결정하도록 해주어야 한다.

하지만 이런 고민과 결정을 개인에게 맡겨놓는 것은 매우 불안한 일이다. 개인은 잘못 판단할 수도 있고 어떤 과제를 수행하는 데 능력이 부족할 수도 있다. 그렇기에 교사 간의 협력 체제가 당연히 필요하다. 교사 간의 상호 작용이 최대화될 때, 교사 집단의 능력도 커지고 개별 교사의 능력도 극대화되며, 개인적인 오류나 실수를 최소화할 수 있다.

학생들도 마찬가지이다. 학생들은 교사가 가르치는 대로 배우기만 하는 수동적인 존재가 아니다. 그들도 나름대로의 가치관과 지향성을 가지고 있다. 따라서 학교나 학급의 운영 과정에 참여하여 수업과정에서부터 자신들의 의견을 제시하고 결정과정에 동참할 수 있을 때 배움의 의욕은 커지고, 책임감도 높아질 것이며, 주체적이고 자율적인 인간으로 성장할 수 있다.

새로운 학교 모델에서 가장 핵심적인 사항은 학교자치위원회의 설치이다. 교사, 학생, 학부모가 학교운영의 실질적인 결정권을 지닐 수 있도록 학교의 최고 심의 의결기구로서 학교자치위원회를 설치하는 것이다. 이전까지는 한 사람이 결정하고 모두가 복종하는 체제였다면 이제는 모두가 결정하고 모두가 참여하는 새로운 체제로 전환하는 것이다.

또한 학교자치위원회 산하에 교직원회, 학부모회, 학생회를 법제화

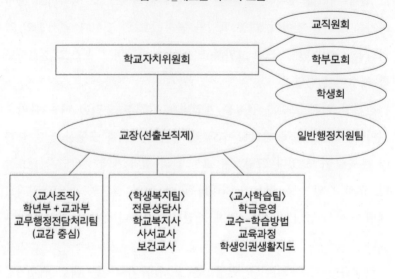

그림 3-5_새로운 학교의 모델

하여 교육 주체들의 의견을 상시적으로 수렴하고 상호 소통할 수 있는 체제를 구축해야 한다. 교사는 마름(상부의 명령을 충실히 수행하는 말단 관리자)에서, 학부모는 들러리(항상 요구할 것이 있을 때만 호출되는)에서, 학생은 꼭두각시(항상 시키는 대로 가르치는 대로 복종해야 하는)에서 벗어나 모두가 학교의 주인이 되었을 때, 학교는 변화할 수 있다.

▶학교자치위원회 산하 단체의 역할

• 교직원회: 교육과정, 교원 인사, 예·결산, 학사일정, 학교 혁신, 학칙 개정 등
• 학부모회: 학교 운영, 교육 활동 전반에 대한 감시, 평가, 견제의 역할
• 학생회: 학칙 제·개정 참여, 학생회 민주적 구성과 운영, 학생복지, 학교자치위원회 참여, 교직원회의 참관 및 의견 개진

제왕적 교장은 NO!

그렇다면 교장은 어떤 위상을 지녀야 할까?

교장은 정부나 교육청으로부터 권력을 위임받은 제왕적 권력자나 학교 경영에 대한 모든 권한을 독점하는 기업형 CEO의 위상에서 벗어나야 한다. 교장의 역할은 교육 주체들의 협력과 소통을 활성화시키는 데 헌신하는 민주적 리더로서 재정립되어야 한다.

이를 위해 교장직은 교사들 위에 군림하는 상위 직급이 아니라 역할 분담 차원의 보직으로 설정되어야 하며, 보직의 책임이 끝나면 원직(평교사)에 복귀해야 한다. 당연히 교장자격증제도 폐지되어야 한다.

교장은 학교 교원 중에 선출한다. 우선 서로를 가장 잘 알고 있는 동료 교직원들의 추천에 의하여 후보군을 선정하고, 교사, 학부모, 학생들로 구성된 선거인단에서 교장을 선출한다. 만약 내부에 마땅한 교장 후보가 없을 때는 공모제를 실시하여 교장을 선출한다.

▶교장선출보직제의 중심 내용

- 교장 자격: 일정한 교직 경력을 지닌 현직 교사(교장자격증제 폐지)
- 선출 방식: 교직원회의에서 복수 추천(교황식) → 교사, 학부모, 학생 선거인단에서 선출 → 학교자치위원회에서 최종 승인
  - *교직원회에서 교황식 추천을 하는 것은 과도한 경쟁이나 갈등을 억제하고, 모든 교직원이 가장 신뢰할 수 있는 사람을 선출하기 위해서임. 교직원회에서 추천받은 교사는 학교운영에 대한 계획서를 선출 대표단에게 제출하면 이를 토대로 선거를 진행함

- 교장의 역할: 교직원회의 주재, 학생회와 학부모회 지원, 학교내외의 인적·물적 인프라 구축 및 관리(학교의 행정 및 재정 관리), 교원의 공동학습·연수 등 지원

공부하는 교사만이 가르칠 수 있다

또 하나 눈여겨보아야 할 것은 교사 조직 즉 교사의 집단적 협력 체계이다. 지금까지 교사조직은 행정업무 수행을 위한 역할 분담 차원에서 운영되어왔다. 여러분이 익히 들어보았을 교무부장, 학생부장 등등은 대부분 이런 행정업무 처리를 위한 중간 간부들이며 그들 아래 대부분의 평교사들이 편제되어 행정업무 처리에 매진하였다. 교사들의 간의 상호 작용은 행정업무 처리를 위한 것이었지 아이들을 가르치기 위한 것이 아니었다. 행정업무를 잘 처리하는 교사가 유능한 교사로 인정받았다.

새로운 학교에서의 교사조직은 아이들을 가르치는 일을 중심으로 운영되어야 한다. 학년부(초등학교)와 교과부(중·고등학교)를 중심으로 교사들을 편제하여 교사들의 일상적인 상호 작용이 학생 교육 활동에 집중될 수 있도록 한다. 더욱 중요한 것은 교사들의 자발적인 공동학습, 공동연구 모임을 활성화하여 학습 공동체를 구축하는 일이다. 가르치는 일은 배우는 일을 전제로 한다.(학급운영 연구모임, 교육과정 연구모임, 지역 연계 체험활동 연구 모임, 학생인권·생활지도 연구 모임, 교수·학습 방법 연구 모임 등등) 자기 변화를 거부하는 사람이 타인을 변

화시킬 수 없는 법이다. 그런데 이것이 가능하려면 교사들이 행정업무로부터 완전히 해방되어야 한다. 그것은 행정업무의 많고 적음의 문제가 아니다. 교사들의 삶과 학교 운영의 중심이 행정업무로부터 교육활동으로 옮겨와야 교사들이 변할 수 있다.

▶학교 조직의 기본 형태

- 교무행정 전담팀 구성: 교감+교무행정 전담 요원
- 조직편제: 행정 중심에서 교육 중심으로 (학년부+교과부)
- 교사학습 공동체 조직: 공동연구, 공동학습 팀 구성과 지원
- 학생복지 조직: 전문상담사, 사회(학교)복지사, 사서교사, 보건교사 등

마지막으로 학교에서 교사들이 모든 일을 다 처리할 수는 없다는 점을 지적해야겠다. 특히 학교는 배움인 공간인 동시에 돌봄의 공간이어야 한다. 전문 상담사, 사회복지사, 사서교사, 보건교사 등을 중심으로 학생들의 정신적-육체적 건강에 대한 돌봄, 가정-학교-지역사회와 연계 활동, 방과 후 문화체험활동 등을 활성화시킬 수 있는 방안 역시 마련되어야 한다.

대학평의회 구성에 관하여

현재 대학의 민주화와 관련된 핵심적인 쟁점은 총장 직선제와 대학

평의회 건설로 집중되고 있다. 대학평의회는 대학 운영의 민주성, 투명성, 합리성을 제고하여 학교 발전에 기여하도록 하는 것에 그 의의가 있다.

대학 민주주의 실현은 공공성과 자주성을 보장하기 위한 최소한의 조치이며, 대학 구성원들이 서로간의 신뢰를 쌓고 학교 발전을 위해 힘을 결집시킬 수 있는 근간이 된다. 각 대학에서 빈번하게 발생하는 부정·비리도 이러한 과정을 통해서만 예방될 수 있으며, 여타의 문제들도 마찬가지다.

따라서 대학 민주주의는 행정·재정 및 인사를 비롯한 학교 운영 전반에 대학의 주체인 교수, 직원, 학생들이 동등하게 참여하여 상호 견제와 균형을 통해 합리적 발전을 도모하는 것을 의미한다. 이는 곧 대학 민주주의의 핵심이 대학평의회에 있다는 것을 말해주는 것이다.

대학평의회는 2005년 사립학교법의 개정으로 사립대학에서만 설치가 의무화되어 있지만, 많은 사립대학에서는 구성조차 하고 있지 않으며, 설치된 대학들도 그 기능을 제대로 하고 있지 못하다. 대학평의회가 제대로 기능하지 못하는 이유는 대학 내의 권력을 사실상 이사회가 독점하고 있기 때문이며, 평의회의 권한이 모호하기 때문이다.

대학은 본질적으로 기업과 달리 능률성보다는 민주성이 우선되는 가치를 지닌 곳이다. 대학은 창의성, 자발성 등이 생명이다. 대학이 정부와 재단에 종속되면 대학의 생명력은 고갈되고 대학 자치는 불가능하다. 지성과 학문을 생산하는 공간인 대학에 자율성이 없다면 대학은 결국 붕괴될 것이다.

대학의 자치를 가로막는 핵심 장애물은 국가권력(관료)과 사학자본이다. 최근에는 국·공립대를 법인화하여 사립대처럼 이사회에 모든 권한을 넘겨주려 하고 있다. 대학의 권력은 이제 대학 주체들이 행사해야 한다. 학생들이 더욱 주도적으로 참여하여 명실공히 교수-학생-직원의 공동체에 의해 대학이 운영되도록 해야 한다.

그림 3-6_ 대학평의회의 체계

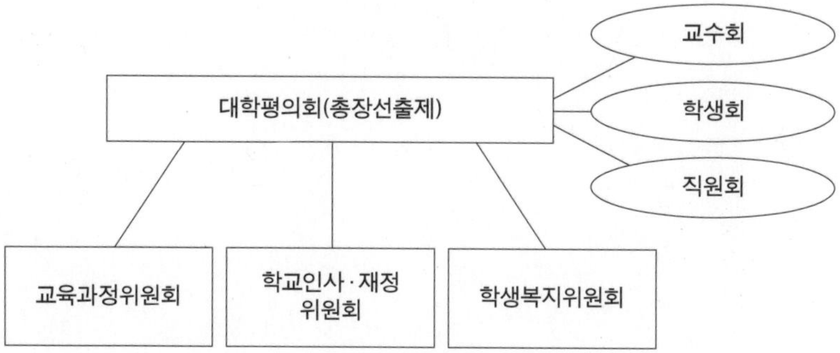

대학평의회는 대학 내의 최고 심의 의결기구로서 모든 대학에 설치되어야 한다. 대학평의회는 교수회, 학생회, 직원회를 기반으로 구성되어야 하며, 가급적 참여주체 동수 참여 원칙이 지켜져야 한다. 이들 각 주체에는 비정규 교수나 청소노동자 등의 비정규 직원들도 동등하게 참여하는 것을 원칙으로 해야 한다.

대학평의회의 산하에는 교육과정위원회와 재정·인사위원회를 설치하여 학교의 교육·연구 활동과 인사·재정 문제를 대학평의회에서 관할하도록 해야 한다. 이와 함께 사립학교법을 개정하여 이사회의 권한을 대폭 축소해서 학교 운영에 일절 간섭하지 못하게 만들고 학교에 대한 지원 업무만을 담당하도록 해야 한다.

대학평의회에서 학교 운영의 일체의 권한을 가지도록 해야 한다. 또한 국·공립대학에서도 당연히 대학평의회의 설치를 의무화해야 한다.

IV

대한민국, 교육을 혁명하라 3
(교육의 공공성 강화)

1.
교육비를
학부모들이 내야 하나?
-전면적인 무상교육 실시

사교육비 세계 1위, 그럼 공교육비는?

우리나라 학부모들의 사교육비 부담이 세계 최고 수준이라는 것은 누구나 잘 알고 있다. 공식 통계는 20조 원을 약간 넘는 수준이지만 실제로는 30조 원을 훌쩍 넘기리라는 것을 누구나 알고 있다. 그렇다면 공교육비 부담은 어느 수준일까?

결론은 우리가 통계를 접할 수 있는 나라 중에서는 역시 세계 2위라는 것이다. 초중등 단계에서는 OECD 평균 0.2%dp에 비해 2배가 넘는 0.5%이고, 고등 단계에서는 0.4%의 4배에 가까운 1.5%로 칠레와 같이 세계 1위 1위를 차지하고 있다.

초중등 단계의 민간 재원은 대부분 학부모의 호주머니에서 직접 지출된 비용으로 볼 수 있다. 초중등 단계에서 우리나라 학부모들이 공교육비로 연간 약 7조 원을, 고등교육 단계에서는 약 20조 원을 직접 지출한다는 것을 의미한다.

표 4-1_교육 단계별 GDP 대비 공교육비 구성(2012)

단위: %

구분	초등교육~고등교육			초·중등교육			고등교육		
	계	정부부담	민간부담	계	정부부담	민간부담	계	정부부담	민간부담
OECD 평균	5.3	4.7	0.7	3.7	3.5	0.2	1.5	1.2	0.4
칠레	6.1	3.9	2.2	3.6	2.8	0.8	2.5	1.0	1.5
한국	6.7	4.7	2.0	3.7	3.2	0.5	2.3	0.8	1.5
미국	6.4	4.7	1.7	3.6	3.3	0.3	2.8	1.4	1.4
일본	5.0	3.5	1.5	2.9	2.7	0.2	1.5	0.5	1.0
뉴질랜드	6.9	5.4	1.5	5.0	4.2	0.8	1.9	1.2	0.7
이스라엘	6.5	5.1	1.3	4.4	4.0	0.4	1.6	0.9	0.7
캐나다	6.0	4.7	1.3	3.6	3.2	0.3	2.5	1.5	1.0
호주	5.6	4.3	1.3	4.0	3.4	0.6	1.6	0.9	0.7
영국	6.3	5.2	1.0	4.5	4.0	0.5	1.8	1.2	0.6
포르투갈	5.9	5.0	0.9	4.5	3.9	0.5	1.3	0.9	0.4
멕시코	5.4	4.6	0.8	3.9	3.4	0.5	1.3	1.0	0.4

*2012년도 한국 GDP는 1377조 원임
*GDP 대비 공교육비 산출식=(정부부담 금액+민간부담 금액)/GDP*100
*'초등교육~고등교육' 항목에는 행정기관 자료가 포함됨.
*캐나다는 2011년도 자료임. 칠레는 2013년도 자료임.
*정부 부담={(정부에서 교육기관에 직접 지출한 총액+학생·가계 지원금+민간이전금)/GDP}×100
*민간 부담={(민간부담금(등록금 등)+기타 민간 교육부담금(학교법인 등)-정부의 민간이전금)/GDP}×100

출처: 2015 Education at a Glance

결국 우리나라 학부모들의 공교육비 지출은 연간 약 27조 원에 이를 것으로 추산되며, 이는 OECD 평균보다 3배에 이르는 것이다.

표 4-2_ 초중등교육 단계의 연간 학부모 부담(급별, 항목별)

구분		초·중등교육		고등교육	
		정부 부담	민간 부담	정부 부담	민간 부담
2012	한국	83.9	16.1	29.3	70.7
	OECD 평균	90.6	9.4	69.7	30.3
2005	한국	77.0	23.0	24.3	75.7
	OECD 평균	91.5	8.5	70.7	29.3

또한, 공교육비 중 민간 부담이 차지하는 상대적 비중은 교육 주체들의 투쟁으로 정부 부담이 증가하고 민간 부담이 감소하고 있지만 OECD 평균에 비추어보면 2배가 넘는 액수를 부담하고 있다.

표 4-3_ 국·공립, 사립대학교 연평균 등록금

단위: 미국 달러의 구매력지수(PPP)환산액

구분	대학생 수			2013~2014학년도		
	국공립	정부의존형 사립	독립 사립	국공립 (21개국)	정부의존형 (10개국)	독립형 (9개국)
아일랜드	95		5	m	m	m
칠레	20	16	64	m	m	m
미국	60		40	8,202	a	21,189
한국	25		75	4,773	a	8,554
일본	26		74	5,152	a	8,263
영국		100		a	9,019	m
캐나다	m	m	m	4,761	m	m
호주	95		5	4,473	a	8,322
뉴질랜드	97	3	1	4,113	m	m
에스토니아	18	74	8	0	0	m
네덜란드	m	m	m	2,300	m	m

이탈리아	91		9	1,602	a	6,168
스페인	85		15	m	m	m
스위스	95	4	1	1,015	1,015	m
오스트리아	85	15		861	861	m
벨기에 (프랑스어권)	40	60		155	151	a
터키				0	a	m
벨기에 (플란더즈어권)	43	57	1	729	국공립에 포함	m
이스라엘	10	72	18	2,957	2,934	7,028
노르웨이	84	5	11	0	m	6,552
멕시코	68		32	m	m	m
슬로바키아	94		6	0	a	2,300
슬로베니아	93	6	1	0	0	a
폴란드	91		9	m	m	m
덴마크	99	1		0	m	m
핀란드	67	33		0	0	a
프랑스	84	16		0 to 8,313	독립형 사립에 포함	1,808 to 7,598
스웨덴	92	8		0	0	a

*장학금과 정부보조금을 받은 학생에 대한 자료는 포함하지 않음.
*일본, 영국, 캐나다, 노르웨이는 2014-15년 등록금 자료임(일본: 국공립대학만 해당됨).
*미국, 슬로베니아는 2011-12년 등록금 자료임.
*스위스는 2013년 재정 자료이며, 2012-13학년도 자료임.
*한국은 각각 2011, 2014학년도 자료이며, 2014년 PPP 환율은 $1당 857.27원임.
*등록금 자료가 가용한 국가 자료만 제시함. 가로( )는 비교 가용 국가 숫자임.
*'a'는 해당 항목에 적용되지 않아 해당 자료가 없으며, 'm'은 자료가 해당 국가에서 수집되지 않았음.
*등록금 수치 0은 "No tuition fees(등록금 없음)"이라고 응답한 국가임. 'n'은 크기가 무시할 정도 이거나 0임.

출처: Education at a Glance(2014, 2015)

〈표 4-3〉은 2015년도에 발표한 OECD 교육지표이다. 표에 의하면 우리나라는 사립학교의 비중이 세계에서 가장 높아 대학 공공성이 취약한 상황임을 보여주고 있다. 사립대학의 대학 등록금은 미국에 이어

세계 2위이다. 그런데 미국은 대부분의 대학이 국공립으로 등록금이 8,203달러인 데 비해 우리나라는 대부분의 대학이 사립으로 등록금이 8,554달러인 것을 고려하면 등록금 부담은 우리나라가 세계 1위라고도 할 수 있다. 이에 비해 상당수의 나라에서는 국공립 대학의 등록금은 없거나 100만 원 미만 수준임을 알 수 있다. 결국 등록금 부담이 큰 높은 사립대학의 비중이 압도적으로 높기 때문에 우리나라 학부모들은 세계 최고의 대학 등록금을 부담하고 있다.

교육은 개인의 출세를 위한 수단?

우리는 위의 조사를 통해 왜 우리나라에서 출산파업이 일어날 수밖에 없는지 이해할 수 있다. 세계 최고 수준의 공교육비 부담에 세계 최고의 사교육비 지출이 더 해지면 자식을 둔 부모는 자기희생 없이는 자식을 키울 수 없다. 자기 현재의 삶은 물론 노후 준비까지 희생해야 겨우 자식 교육이 가능하다. 당연히 합리적 판단의 소유자라면 자식을 낳지 않거나 아니면 최소한으로 낳아야 한다.

그렇다면 어떻게 이런 불합리한 상황이 계속될 수 있었을까? 우리 사회에서는 오랫동안 학교교육을 개인의 출세나 지위상승을 위한 수단으로 바라보는 시각이 지배적이었다. '교육이 자식을 위한 가장 이문 남는 투자'라는 생각이 널리 퍼져 있었고 실제로 허리띠 졸라매고 자식교육에 투자하면 일정한 보상이 주어졌다. 교육받은 대부분의 자녀들이 부모보다는 더 좋은 직장에 취업하는 경우가 많았다. 교육이 개인의 출세를 위한 투자이기 때문에 개인이 교육비를 지불하는 것을 당연한 것으로 여기는 경우가 많았다.

하지만 이미 고등학교 진학률은 거의 100%에 가까우며, 대학진학률도 80%를 넘고 있다. 대학을 졸업한다 할지라도 남들보다 특권을 누릴 수 있는 시대는 지나갔다. 최근에는 청년 취업난이 가중되면서 대학을 졸업해도 특권은커녕 변변한 직장을 얻기도 힘들어졌다. 교육이 더 이상 개인의 특권을 얻기 위한 수단이 될 수 없는 상황이 벌어지고 있는 것이다. 이런 상황에서 '무거운 교육비 부담을 반드시 학부모가 해야 하는가'에 대한 의문이 커질 수밖에 없다. 지난해에 일어났던 반값 등록금 투쟁은 이런 의문이 널리 확산되고 있음을 상징적으로 보여주는 사건이다.

또한 전사회적으로 논란이 되었던 무상급식 논쟁의 배후에도 교육이 모두를 위한 보편적 권리인지, 아니면 개인이 구매해야 할 상품인지에 대한 대립이 존재하고 있다.

무상교육의 제1차적인 목적은 당연히 학부모나 학생들의 경제적 부담을 경감하는 것이며, 가정의 경제적 여건 때문에 발생할 수 있는 교육 기회의 차별을 막기 위한 것이다.

하지만 무상교육은 그 이상의 훨씬 중요한 의미가 있다. 우리는 서구 나라 중에서도 사회 성격이 판이하게 다른 두 그룹을 볼 수 있다. 하나는 학비가 상대적으로 비싼 영국·미국과 학비가 무상이거나 저렴한 북유럽이나 프랑스, 독일 등의 그룹이다.

그림 4-1_교육비가 비싼 나라의 교육과 사회의 관계

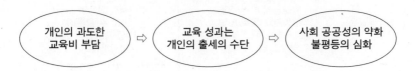

그림 4-2_교육비가 저렴한 나라의 교육과 사회의 관계

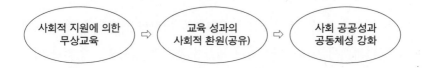

위 그림에서 볼 수 있듯이 무상 교육은 단순히 교육비 부담의 문제
가 아니라 사회의 성격을 바꾸는 매우 근본적인 문제이다. 최근에 우
리 사회의 화두가 되고 있는 복지사회는 단순히 가난한 사람들에게
시혜를 베푸는 문제가 아니다. 복지사회는 경쟁과 차별 중심의 사회에
서 공공성과 공동체성을 중시하는 사회로 전환하는 문제이다. 그런 의
미에서 무상교육은 복지사회의 근본적 전제이다. 무상교육 없이 사회
공공성과 공동체성을 강화하는 것은 거의 불가능하다.

덜 가진 자에게 더 좋은 교육을

무상교육이 가능할까? 무상교육에 필요한 예산을 산출해보자.

	최소 수준	최대 수준
초중등교육	부분 무상교육(필수교육비 중심) 학교급식비: 약 3조 고등학교 등록금 및 중고등학교 학교 운영비: 약 2조 5000억 원	완전 무상교육 (선택적 교육비 포함) 방과 후 활동비, 각종 체험활동 등: 약 2조 원 추가
고등교육	반값 등록금: 약 7조 원	대학 등록금 무상화: 약 14조 원
계	약 12조 5000억 원	약 21조 5000억 원

위의 표에서 볼 수 있듯이 무상교육을 위해서는 막대한 예산이 필요하다. 그래서 보수주의자들이 예산을 평계로 내세우는 논리가 이른바 '맞춤형 복지'이다. 부자들에게 구태여 무상급식, 무상교육을 해줄 필요가 무엇인가라는 논리이다. 언뜻 보면 가난한 사람들을 편드는 논리인 것처럼 보인다. 하지만 아니다. 다시 한 번 이야기 하지만 무상교육은 가난한 사람에게 시혜를 베푸는 문제가 아니다. 교육을 우리 사회가 공적으로 책임짐으로써 교육의 공공성은 물론 사회의 공공성과 평등성의 기초를 강화하는 사업이 바로 무상교육이다.

당연히 무상교육의 확대를 위해서는 증세가 필요하다. 무상교육을 위해서만 20조 원이 필요하며, 영유아 무상보육, 무상의료, 주택문제, 노인문제, 저소득층 문제, 실업문제, 비정규직 문제 등 보편적 복지를 위해 요구되는 재정의 규모는 매우 크다. 이는 예산의 절감이나 예산 지출항목의 조정으로 해결할 수 있는 문제가 아니다. 최소한 급격한 증세 없이는 불가능하다.

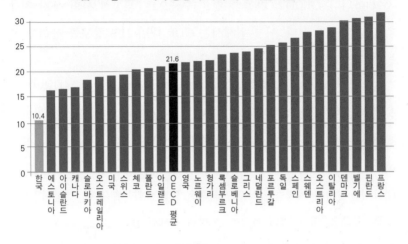

그림 4-3_GDP 대비 공공적 사회 복지 지출 비율(2014)

표 4-4_OECD 주요국 국내총생산(GDP) 대비 사회복지 지출 비율

단위: %, 2014년

국가	프랑스	핀란드	벨기에	덴마크	이탈리아	독일	포르투갈	네덜란드	그리스	헝가리	노르웨이	영국	OECD 평균	체코	폴란드	스위스	미국	호주	캐나다	아이슬란드	한국
비율	31.9	31	30.7	30.1	28.6	25.8	25.2	24.7	24	22.1	22	21.7	21.6	20.6	20.6	19.4	19.2	19.0	17.0	16.5	10.4

　OECD와 정부 부처 등에 의하면 2014년 기준 우리나라의 GDP 대비 사회복지 지출의 비율은 10.4%로 OECD 28개 조사 대상국 가운데 28위로 조사됐다. 이는 OECD평균 21.6%에 절반에도 미치지 못하는 수치이다. 특히 2013년과 비슷한 수준을 유지한 지난해 사회복지지출 비율(10.4%)은 OECD 평균(21.6%)의 절반에도 미치지 못한 수치다.

　그런데 위 표에서 볼 수 있듯이 급격한 증세 즉 조세혁명은 거창한 것이 아니다. OECD 국가들의 평균 수준으로 공공적 사회 복지 지출 비율을 맞추면 된다. 이를 위해서는 GDP 대비 11% 정도를 올려야 하는데 이는 약 180조 원 정도에 해당한다.

교육뿐만 아니라 보편적 복지를 위해서는 약 100조 원의 추가 예산이 필요할 것으로 추산된다. 탈세(고소득 자영업자나 기업)를 철저히 잡아내고 부유세, 금융소득세, 상속세, 법인세, 직접소득세 등의 신설이나 증세를 통해 재원을 확보해야 한다. 가난한 사람들도 세금을 더내야 할 것이다(하지만 돌아오는 혜택은 훨씬 크다). 부유한 사람들은 더많은 세금을 내야 한다(하지만 낸 만큼 혜택이 돌아오지는 않는다). 그들은 단순히 자기 자녀의 급식비와 학비를 내는 것으로 책임을 다할 수 있는 것이 아니다. 부자들이 자기들에게 손해인 것처럼 보이는 맞춤형 복지에 찬성하는 이유는 보편적 무상교육과 보편적 복지가 그들에게 더 큰 부담으로 다가올 것이라는 것을 본능적으로 알고 있기 때문이다.

무상교육과 보편적 복지를 이야기하면서 조세혁명을 이야기하지 않는 사람들은 정치적 사기꾼에 가깝다. 그들은 선거 시기에 표를 얻기 위하여 열심히 공약空約을 발표하지만 선거가 끝나자마자 재정을 핑계로 약속을 어길 것이다.

우리는 당당하게 이야기할 수 있어야 한다. "불평등과 차별이 판치고 돈이 사람을 지배하는 사회, 그래서 사람들이 돈에 미치고 경쟁에 중독된 사회…… 이제 이런 사회에서 벗어나 좀 더 평등하고 인간답게 살 수 있는 사회를 만들어야 하며 그를 위해 무상교육과 보편적 복지가 필요하다. 그리고 당연히 세금을 더 거두어야 한다"라고.

나아가 무상교육 교육을 위한 중앙정부나 지방정부의 지원은 역차별적 성격을 띠고 있어야 한다. 교육을 위한 물적·인적 인프라가 부족한 가난한 지역에는 더 많은 지원을 해야 한다. 교육 기회의 평등뿐만 아니라 교육 결과의 평등을 위해 노력해야 하는 것이 중앙정부와 지방정부의 기본적인 책무이다.

2.
교실혁명은
어디에서부터
출발해야 하나?
–학급당 학생 수 감축(20-20)

학교폭력에 관한 보도가 놓치고 있는 것

자주 학교 문제가 언론에 보도된다. 좋은 내용보다는 학교에서 일어나는 나쁜 일일 경우가 대부분이다. 언론 보도에 따르면 학교는 끔찍한 야만과 폭력과 무기력의 공간이다. 모든 학교가 언론이 선정적으로 보도하는 것과 같지는 않다. 하지만 현재의 학교는 분명히 평화의 공간이 아니다. 협력보다는 경쟁이, 친밀감보다는 적대감이, 소통보다는 침묵이 학교를 지배하고 있다.

학교 폭력에 대한 대응 방안 논의도 여기저기에서 쏟아지고 있다. 가해 학생의 처벌 수위를 높이고, 피해 학생의 치유 프로그램을 만들고, 교사들의 대처 능력을 키우기 위한 연수를 강화하고, 경찰력의 감시 기능을 확대하고 등등. 이런 방안들 중에서 몇몇은 매우 유익한 방안이지만 이 방안들은 원인을 제거하기보다는 증상을 완화하거나 치료하기 위한 대증요법에 가깝다.

학교 폭력이 발생하는 기본적인 원인은 과도한 입시 경쟁 교육의 풍토, 가정과 지역사회의 공동체성의 붕괴, 폭력적이고 자극적인 대중문화의 범람 등 여러 가지가 있을 것이다. 하지만 사람들이 쉽게 간과하는 것이 과밀학급의 문제이다.

과밀학급은 교사와 학생, 학생과 학생들을 익명화시키면서 친밀감의 형성을 방해하며, 학생들의 발달 수준에 맞는 개별 학습을 불가능하게 만들어 많은 학생들로 하여금 배움으로부터 도망치게 만든다. 학교 오면 배움의 즐거움을 느끼기커녕 실패감만 맛보고, 교사로부터 따뜻한 관심이나 격려의 말보다는 꾸중만 듣고, 집에서는 돌봄이 결핍되거나 공부하라는 잔소리만 듣는 학생들에게 약자에 대한 폭력은 자기 존재감을 확인할 수 있는 달콤한 유혹이다.

학급당 학생 수 감축되면 무슨 일이 일어날까?

학교의 교육 환경은 열악하다. 좁은 공간에 너무 많은 학생들을 수용하고 있다. 더운 여름에도 에어컨을 킬 수 없어 땀을 뻘뻘 흘려가면서 수업을 해야 한다. 학교나 교실의 환경은 학생들에게 정서적 안정감이나 유쾌함을 주기에는 한참 부족하다. 친구와 만나서 편히 이야기하거나 휴식을 취할 수 있는 공간은 거의 없다. 수업 이외에 다양한 교육 활동과 체험활동을 할 수 있는 공간도 턱 없이 부족하며, 이용할 수 있는 지역 시설도 미비하다.

이렇게 수많은 문제들이 존재하지만 학급당 학생 수 감축만큼 중요한 문제는 없다. 왜냐면 학급당 학생 수 감축은 학교에서 우리가 전혀 예상하지 못한 놀라운 변화를 가져올 것이기 때문이다.

표 4-5_교육 단계별 학급당 학생 수(2011)

단위: 명

구분	초등학교	중학교	고등학교(일반계)
한국	26.3	34.0	약 35명
OECD 평균	21.2	23.3	통계 없음

출처: '2013 OECD Education at a Glance

위 표에서 볼 수 있는 것처럼 한국의 학급당 학생 수는 OECD 국가 중에서 최고의 수준이다. 고등학교의 경우 OECD의 통계가 없지만 중학교 평균과 같은 수준으로 보더라도 초등학교는 5명, 중고등학교는 대략 11명 정도가 더 많은 상황이다.

학급당 학생 수를 감축하면 놀라운 변화가 가능해진다.

첫째, 교실에서 통일된 교수-학습의 장을 형성하는 것이 가능해진다.

현재 도시의 대부분의 중고등학교는 학급당 30~40명 정도이다. 학생 수가 30명이 넘으면 교실에서 통일된 장을 형성하는 것이 거의 불가능하다. 예를 들어 발표식 수업을 한다고 가정해보자. 교사는 발표하는 학생의 내용을 꼼꼼히 듣고 리액션을 해주어야 하는 동시에 다른 학생들이 동료의 발표를 열심히 경청하고 있는지 살펴보아야 한다. 혹시나 딴짓하고 있는 학생이 있으면 이를 제지해야 한다. 학생 수가 많으면 이를 원활하게 할 수 없다. 즉 교사가 전체 학생들을 자연스럽게 한 시야에 놓고 수업하기 어렵다. 학생들이 많을수록 교실은 여러 장으로 분열되고 교사는 이를 통제할 수 없게 된다. 결국 대부분의 교사가 일부 학생을 포기하고 일부 학생만 데리고 수업을 진행한다. 학급당 학생 수가 적을수록 통일된 장을 형성하기 쉬울 것이며, 형성된 장의 밀도도 훨씬 높아질 것이다. 통일된 장의 형성을 위한 정확한 임계점이 존재하지는 않지만 20~25명이 넘으면 통일된 장의 형성이 불가능하다는 것이 대부분의 교사들의 경험으로부터 나오는 공통된 의견이다.

둘째, 다양한 수업 방식의 도입이 가능해진다.

학급당 학생 수가 많을 때, 사실 가장 효율적인 수업 방법은 일제식 강의이다. 교사의 권위나 유머를 최대한 동원하여 학생들의 주의를 집중시킨 다음 교사가 일방적으로 설명하는 수업이 그나마 가장 효율적인 것이다.

학급당 학생 수가 줄면 다양한 수업 방법이 가능해진다. 토론식 수업, 발표식 수업, 질의응답식 수업, 모둠 수업, 프로젝트 수업, 글쓰기 수업 등 다양한 수업이 가능해지며 교사가 훨씬 밀도 있게 지원을 해줄 수 있다. 수업의 주제에 맞게 다양한 수업 방법을 도입함으로써 교수-학습의 과정도 풍부해지고 학생들의 흥미도 훨씬 커질 것이다. 또한 학생들의 참여가 활발한 다양한 수업 방법은 학생들 개개인의 발달 수준, 강점과 약점 등을 파악할 수 있게 해줌으로써 개별 지도의 가능성을 열어준다.

셋째, 개별 지도가 가능해진다.

동일 학급의 학생들은 발달 단계의 공통성과 차별성을 동시에 지니고 있다. 특히 지난 단계에서 학습 결손이 발생한 학생의 경우 개별적인 보살핌이 필요하다.

따라서 교실에서의 교수-학습 과정은 공통적인 과정과 개별적인 과정으로 나뉘어야 한다. 하지만 학급의 규모가 커지면 개별적 과정에 대한 지원이 사실상 불가능해진다. 학생들의 발달 수준의 개인적 차이를 고려하지 못한 채, 공통적인 수업을 전개할 수밖에 없으며, 이런 과정이 지속되면 학습 결손이 계속 누적되어 결국 배움으로부터 완전히 도피하는 학생들이 증가하게 된다.

넷째, 교사와 학생, 학생과 학생 사이의 친밀감을 강화시킬 수 있다.

학급 규모가 커질수록 교실 내의 인간관계는 개인적인 친밀성에 기초하기보다는 일방성과 익명성에 기초한 무관심이나 적대감이 중심이 된다. 특히 교사와 학생의 관계에 있어서 교사는 여전히 권위에 의존한 통제에 주력할 수밖에 없다. 혹여 통제에 실패하면 교실은 자율적인 공간으로 변하는 것이 아니라 방종과 무질서의 공간으로 변한다.

학급당 학생 수의 감축은 통제냐 방종이냐의 양자택일에서 벗어날 수 있는 가능성을 부여한다. 개인적 친밀감과 활발한 상호 소통으로 권위적 통제가 없이도 자율적 규제가 가능한 교실 공간이 형성될 것이다. 익명의 관계를 벗어던지고 서로 존중하고 배려하는 학교 문화가 꽃필 수 있을 것이다.

이렇듯 학급당 학생 수를 줄이는 것은 단순히 교육 여건을 개선하는 문제가 아니다. 교실의 모습을 근본적으로 뒤바꿀 커다란 변화를 가져올 수 있다. 물론 과도한 입시 경쟁 교육의 문제가 동시에 해결될 때, 학급당 학생 수의 감축이 가져올 결과를 훨씬 더 파괴력이 있을 것이다. 특히 입시문제가 해결이 안 되면 대학 입시와 가까운 중고등 단계에서의 학급당 학생 수 감축의 효과는 반감되거나 왜곡될 수밖에 없다.

학급당 학생 수 감축을 위한 골든타임을 놓쳤지만, 불가능하지 않다

만약 학령인구가 늘고 있다면 학급당 학생 수를 감축하는 것은 매우 어려운 일이 될 것이다. 하지만 학령인구가 감소하고 있기 때문에 적은 노력으로도 학급당 학생 수를 쉽게 감축할 수 있다.

그림 4-4_연도별 출생아 수

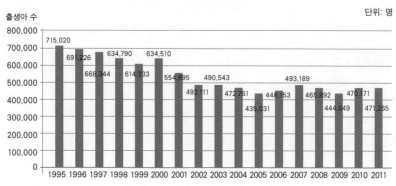

위의 도표에서 볼 수 있듯이 학급당 학생 수 감축을 위한 골든타임은 초등은 2013년까지, 중고등학교는 2020년까지이다. 학령인구가 감소하는 시기야말로 학급당 학생 수 감축이 절호의 기회인 것이다. 하

그림 4-5_학령인구의 변화

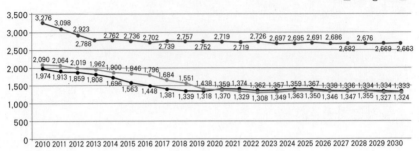

단위: 천 명

초 ● 중 ● 고

지만 이명박-박근혜 정권의 교육부 관료들은 학령인구 감소를 학급당
학생 수 감축의 기회로 삼기보다는 교육예산 축소의 근거로 활용하려
했으며, 전시성 사업에 예산을 낭비하였다.

하지만 2차 골든타임이 남아 있다. 초등의 경우 OECD 수준에 상당
히 접근해 있지만, 중고등학교의 경우에는 여전히 차이가 상당히 크다.
2020년까지 중고등학교 학령인구가 급격하게 감소하기 때문에 학급당
학생 수 감축이 상당히 용이하다.

학급당 학생 수 감축의 최대 난관은 학급수를 늘리기 위해 새로운
학교를 중축하는 문제이다. 학급당 학생 수가 많은 도시의 경우 새로
운 부지를 찾기 쉽지 않고 건축비용도 많이 들기 때문에 어려움이 존
재한다.

하지만 2020년까지 중고등학생의 학령인구가 급격하게 감소하기 때
문에 대대적인 학교 신축 없이도 학급당 학생 수 감소가 충분히 가능
하다.

교사의 충원은 필요하겠지만, 이는 청년들의 양질의 일자리 창출에 크게 기여하면서 교육의 질 향상과 청년실업 해소라는 일석이조의 효과를 거둘 수 있는 사업이다.

학급당 학생 수 감축을 이야기 하면, 많은 사람들이 우리 때는 60명이 한 반에서 배웠다는 경험을 내세우면서 감축의 필요성을 폄하하는 경우가 많다. 그렇다면 군대보다 더 강한 규율과 폭력이 횡행하던 옛날 학교로 돌아가자는 것인가?

정치인들은 생색내기를 좋아한다. 학급당 학생 수 감축보다는 복지사업이나 전시성 사업을 훨씬 선호한다. 교육부의 교육 관료들은 학교 경험이 거의 없거나 학교 현장에 관심이 없다. 그러다 보니 그들 역시 교육의 기초를 튼튼히 하기보다는 당장의 성과를 낼 수 있는 사업을 중시한다.

이렇듯 정치인과 교육 관료의 이해와 대중의 무관심이 맞물리다 보니 학급당 학생 수 감축 사업은 항상 후순위로 밀려날 수밖에 없었다. 이제 학급당 학생 수를 감축할 수 있는 마지막 골든타임이다. 학급당 학생 수 감축 없이 교육의 질 향상이나 교육의 변화를 기대하는 것은 거의 불가능하다는 사실을 명심해야 한다.

3.
교육의 질을 떨어뜨리는
불안정 노동을 철폐하고
비정규직 없는
학교 현장을 만들어가자
-학교 비정규직의 정규직화

1) 초중등교육 분야 비정규직 문제

초·중등학교 전체교직원의 40% 이상 비정규직,
학교는 "비정규직 종합 백화점"

1990년대까지는 초중등학교에서 비정규 교원은 육아휴직이나 산가, 병가 등을 대신하는 기간제 교사가 대부분이었다. 하지만, 지금 학교에는 학교회계직원(교육공무직원) 141,965명과 비정규직 강사 153,015명, 파견·용역 근로자 27,266명, 기간제 교사 42,033명까지 포함하면 전체 약 40만 명에 가까운 비정규직 노동자들이 일하고 있다. 학교 비정규직 중 가장 대표적인 직군은 교육공무직원이다. 과거 학교회계직원[8]으로 불렸고, 교육청별로 약 50~100여 개 직종이 있다. 학교 급식

---

8. 학교회계직원은 학교의 회계에서 임금(인건비)이 지급된다는 이유로 '학교회계직원'으로 불렸다. 하지만, 2012년 이후 교육감 직접고용 제도가 실시되었고, 직제 명칭도 해당 노동자들의 교육적 가치와 공공적 가치를 인정하여 대부분의 시도 교육청에서 '교육공무직원'으로 사용하고 있다.

그림 4-6_초중등학교 교직원 분류(전국교육공무직본부 보도자료 인용)

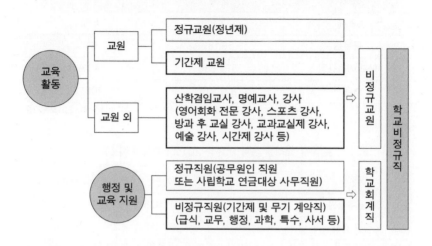

실의 영양사와 조리 인력(조리사/조리실무사), 교무실과 행정실의 교무 및 행정 지원 인력, 과학실과 전산실 전문 인력, 학교 도서관 사서, 특수교육 분야 전문 지원 인력, 초등돌봄 전담사, 전문 상담사, 교육복지사, 유치원 방과 후 강사와 교무 지원 인력 등 학교 운영에 필수적인 업무를 수행하고 있다. 교육공무직원 외에도 영어회화 전문 강사, 초등 스포츠 강사 등 전일제로 일하는 강사 직종과 방과 후 강사, 교과교실제 강사 등 직접 교육 활동에도 많은 비정규 교원들이 학교에서 일하고 있다. 교육공무직원과 비정규 교원을 합하면 전체 교직원의 약 43%가 비정규직이고, 공공 부문 중 가장 많은 비정규직이 있는 곳이 바로 오늘날의 학교다. 학교는 기간제, 단시간제, 간접고용제, 특수고용제 등 비정규직 종합 백화점이 되었다.

표 4-9_교직원 현황(2014~2015년 교육부 자료)

구분	인원	비율
교사	438,806	51%
공무원	53,182	6%
학교 비정규직	379,930	43%
계	871,918	100%

*교사, 공무원-2014년 기준 / 학교 비정규직-2015년 기준

표 4-9_교직원 현황(2014~2015년 교육부 자료)

직종명	2014년	2015년	증감
교육공무직원	142,152	141,965	-187
비정규 강사	168,666	153,015	-15,651

*교육공무직원: 교무, 과학, 전산, 사서, 사무행정, 시설관리직, 돌봄전담사, 통학차량, 특수교육, 영양사, 조리사, 조리원, 배식보조, 교육복지사, 전문 상담사, 기타
*비정규직 강사: 영어회화 전문 강사, 방과후학교 강사, 교과교실제 강사, 다문화 언어 강사, 산업체 우수 강사, 스포츠 강사, 학교운동부 지도자, 예술 강사

학교 공교육의 질을 높이기 위해서는 직접적인 교육 활동 외에도 각종의 교육과 행정 지원 업무를 수행할 인력은 필수적이다. 교원이 가르치는 일에 집중할 수 있도록 교원의 업무를 경감시키는 정책은 그 업무를 수행할 또 다른 교육 노동자들을 대규모로 요구하게 되었다. 또한 방과 후 과정, 초등 돌봄교실 등 학교를 통한 교육복지 서비스가 확대되었고, 교육과정과 내용이 다양해지고 현장성과 전문성이 요구되면서 특정한 전문 능력을 보유한 교원 등에 대한 인력 수요도 확대되었다. 학교에 사람은 계속 필요한 상황이었지만 정규직(교원과 공무원)에 대한 증원 제한 정책이 지속되면서, 필요에 따라서 사용할 수 있고 정규 인력에 비해 적은 인건비를 지급해도 되고 해고도 쉬

운 비정규직 노동자들이 학교 현장에 폭발적으로 늘어난 것이다.

학교 비정규직 노동자들의 단결, 학교 현장의 변화

학교 비정규직 노동자들은 2000년대 중반부터 당시 학교회계직 일부 직종을 중심으로 노동조합에 가입했으나, 지금은 교육공무직 대부분의 직종들과 상시전일제 강사 직종(영어회화 전문 강사, 초등 스포츠 강사)들이 전국적으로 약 7만여 명이나 빠른 속도로 노동조합에 가입하였다. 현재 전국 단위로 조직된 3개 노조(공공운수노조 전국교육공무직본부, 전국여성노조, 전국학교 비정규직노조)가 활동 중이고, 이들 노조는 2012년 4월 '전국학교 비정규직연대회의'라는 공동교섭과 공동투쟁 단위를 만든 후 지금까지 공동으로 교육부와 교육청과 단체교섭을 진행하고 있다. 노조로 단결한 노동자들은 교육감 직접고용, 임금차별 철폐, 고용 안정 등을 주요한 요구로 단체교섭을 진행하였고, 2012년 11월에는 전국적인 총파업을 진행하였고 거의 매해 파업 등 단체행동을 하고 있다. 학교 비정규직 노동자들의 투쟁과 대법원의 판결로 학교장이 사용자가 아니라 교육감이 사용자임을 확인받았다. '학교장 재량'이라는 명목하에 발생했던 인사권 남용과 비인격적 대우는 교육청의 조례, 규칙과 단체협약에 의하여 규율되며 학교 중심의 인사관리에서 교육청 중심의 인사관리로 질적인 변화가 발생했다. 또한, 상시지속적인 업무에 무기계약 채용 원칙이 정부 지침으로 정해져 교육공무직원의 고용 안정에 상당한 진전을 이루었고, 비정규직에게 적용되지 않던 각종 수당이 도입되어 정규직 대비 심각한 임금 격차가 더 확대되는 것은 막을 수 있었다.

지켜지지 않는 정부 지침과 무기계약 전환 제외자 27만 명, 고용 불안 여전히 심각

상시 지속적 업무에는 무기계약 채용 원칙이 교육부 지침으로 정해졌지만, 실제 현장에서는 교육부 지침은 지켜지지 않는다. 2015년 교육공무직 신규 채용자 20,745명 중 단 2,041명만이 무기계약으로 채용되어 정부 지침 이행률은 9.8%에 불과했다. 특히 상시 지속 업무임에도 각종 기간제법 등의 적용 예외 사유에 해당된다는 이유만으로 교육공무직원의 12.4%인 17,651명은 아예 무기계약 전환 대상에서조차 제외된다. 교육공무직원에 대한 정부의 고용 안정 대책은 시도 교육청과 일선 학교 현장의 편법적 기간제 채용 관행으로 인해 그 실효성이 의심받고 있는 상황이다.

특히 강사 직종과 기간제 교원을 포함한 약 25만 명에 달하는 비정규 교원들의 고용 불안 문제는 대단히 심각하다. 강사 등 비정규 교원들 모두가 무기계약 전환 대상에서 제외되어 있다. 대표적으로 영어회화 전문 강사와 초등 스포츠 강사의 경우, 국가인권위원회와 노동부도 상시·지속적인 업무에 장기간 일하였으므로 무기계약 전환을 포함한 고용 안정 대책을 수립할 것을 권고하였으나 교육부와 교육청들은 인권위 권고를 무시하고 아무런 대책을 수립하지 않고 있다. 교육 당국의 무대책 속에 두 강사 직종에서만도 최근 각 2000명 이상의 대량 감원 사태가 발생되었다. 계약 기간이 끝나면 언제 해고될지 모르는 불안한 교육 노동자들이 학생들의 교육을 담당하고 있다.

저임금 및 차별적인 임금 체계, 정규직 반 토막 임금 수준

단체교섭을 통해 교육공무직원들에 대한 각종 수당이 신설되었지만, 여전히 정규직 대비 임금 격차는 심각하다. 1년차나 20년차나 똑같은 기본급을 받는 임금 체계로 인하여 근속 기간이 길어질수록 정규직과의 임금 격차는 커질 수밖에 없는 구조이다. 비정규직보호법과 정부의 공공 부문 비정규직 지침에서는 상여금, 급식비, 명절 휴가비, 맞춤형복지비 등의 각종 수당과 복리후생의 차별을 금지하고 있지만 현실에서 차별은 여전하다. 비정규직에게는 상여금이 전혀 지급되지 않고 있고, 급식비와 명절 휴가비, 맞춤형복지비 역시 반 토막 수준이다. 이런 이유로 사실상 동일한 업무를 하고 있는 영양사를 예를 들면, 정규직 영양 교사와 비교할 때 임금 격차는 1년 차 71%에서 10년 차 58%, 20년차 45%로 점차 격차가 커진다.

강사 직종의 저임금과 차별적 저임금 문제도 마찬가지로 심각하다. 대표적으로 영어회화 전문 강사의 경우 애초 2009년에 교사 초임 호봉을 기준 연봉으로 임금이 책정되었으나, 2009년 이후 최근 7년 동안 월급 기준 단 15만 원이 인상되었고 각종 수당과 복리후생의 적용 대상에서 제외된다. 초등 스포츠 강사의 경우에도 교육공무직원과 비교해서도 더 낮은 임금과 수당을 지급받고 있는 실정이다.

방학이 있는 학교 운영의 특수성으로 인해 방학 기간 중 일을 하지 않는다는 이유로 임금이 지급되지 않는 문제도 심각하다. 교원(기간제 교원 포함)은 방학 중 근로여부에 관계없이 임금이 전액 지급되지만, 연 임금 총액의 1/12을 매월 균등하게 지급하는 연봉제 방식에서 월급제 방식으로 임금 지급 방식을 변경함에 따라, 방학이 속한 달은 월

급이 나오지 않아 생계유지에 상당한 어려움을 겪고 있다.

차별적 학교 문화, 비인간적 대우

차별은 임금과 고용 불안 문제만 있는 것은 아니다. 비인격적인 업무 지시와 각종 사적 업무 지시가 만연해 있다. 비정규직은 교직원 회식, 스승의 날 행사 등에서 제외되고 심지어 졸업 앨범에서도 자신의 사진을 찾을 수 없다. '보조샘', '여사님' 등으로 불리며 노동자의 노동의 가치는 폄하된다. 비정규직이라는 이유로 차별받고 배제당하며 교육 현장에서 함께 일하는 노동자들의 자존감이 무너지고 있다.

전국교육공무직본부의 다음 카페에 올라온 몇 가지 사례를 살펴보자.

"아이들한테 맛있는 빵 구워주고 싶어서 방학 때 연수를 가겠다고 했어요. 그런데 교장선생님이 허락을 안 해주시는 거예요. 출장비 든다고. 그게 2만 원이었어요. 2만 원이 아까워서 연수를 못 받게 하는 거예요. '네가 교사도 아닌데 무슨 연수냐'고."

"차별을 느낄 때요? 아이들이야 그렇다 해도, 선생님들이 가끔 '아줌마!'라고 부르실 때는 얼굴이 화끈거려요. 스승의 날 따로 돈을 주면서, 선생님들을 위한 삼계탕을 끓이라고 했을 때도 소외받는 기분이었죠. 부당하다고 생각하지만 막상 닥치면 이야기하기는 어려워요."

이러한 이야기들에서 공통적으로 발견되는 것은 학교 비정규직 노동자들이 교사와 관리직 공무원 등 정규직을 제외한 '나머지'로 규정되고 있다는 것이다. 신자유주의는 소위 '핵심'과 '비핵심' 업무로 노동자들을 분할하고 그에 따른 차별을 정당화하는데, 이와 같은 신자유주의가 학교 특유의 교원 중심의 수직적 인간관계와 맞물려 대단히 뿌리 깊게 작동하고 있음을 알 수 있다.

> "가르치는 일은 교사가 하고 나머지는 교육에 꼭 필요한 일인데도 천대하는 문화가 있어요. 필요한 일이면 존중을 해줘야죠. 밥하는 사람은 몸의 양식을 만들고 지식을 가르치는 사람은 영의 양식을 만드는 거잖아요. 내가 하는 일이 존중받지 못하고, 아이가 커가면서 나의 일을 자존심 상하는 일로 생각하는 것이 가슴이 아파요…… 학교에서는 물질과 학력으로 차별을 가르치고 있어요. '공부 안 하면 저렇게 돼' 이렇게 말하는 부모도 있어요. 교실에서 내 직업을 설명하는 날이 오길 바라죠. 옛날에 우리 할머니가 얘기하신 게, '책만 알아가지고 무얼 해 먹어'였어요."[9]

학교 내의 차별적 구조는 노동에 대한 학생들의 인식에도 크게 영향을 미친다. 최근 노동절을 맞은 경향신문이 서울의 초등학생 110명을 설문조사한 결과 '노동'이라는 말을 듣고 '힘듦'을 떠올린 학생이 53명(48.1%)에 달했다. '노예/천민'을 떠올린 학생도 7명(6.3%)이나 됐다.

---

9. 『오마이뉴스』, '공부 안 하면 저렇게 돼'… 이런 부모, 너무합니다(2014. 11. 4).

'노동자라고 생각하는 직업이 무엇이냐'는 물음에 대해 아파트 경비원 (1279명), 농부(1251명), 마트 계산원(1248명), 인터넷 설치 기사(1071명) 순으로 답했던 중·고교생들은, 희망하는 직업으로 교사(1위), 의사(2위), 과학자(3위) 순으로 꼽았다. 청소년들은 자신들의 희망 직종은 대체로 '노동자가 아니'라고 응답했다.[10] 이러한 설문조사 결과는 갈라진 노동시장에 대한 학생들의 인식을 보여주며, 안정된 고임금의 직장을 찾는 것이 곧 사회적 성공이라는 최근 세태를 반영한다. 학교 내에서의 비정규직 차별 문제를 해결하는 것이 교육적인 측면에서도 매우 중요한 과제다.

안전하지 못한 학교, 골병드는 노동환경

서울 지역에서 지난 2013년 5월과 2014년 3월 화상사고로 급식 노동자가 사망한 안타까운 사고가 있었다. 노동환경건강연구소의 2012년 조사 결과에 의하면, 허리, 손목, 목등 근골격계 통증을 느끼고 있는 학교 급식 노동자가 95.8%에 달하지만, 병원 치료를 받거나(51.7%), 휴가를 쓰는 비율(휴가 사용 경험 없음 67.7%)은 현저하게 낮다. 휴가를 사용하지 못하는 이유는 "학교 단위 고용으로 인하여 대체 인력이 없기 때문(78%)"이거나, "관리자의 눈치가 보이기 때문(18%)"이다.[11] 급식실 외에도 특수교육 지원 인력과 과학실 근무자 등도 사고와 유해물질에 노출될 위험이 높다. 최근 세월호 참사 등을 겪으면서 어느 때보

---

10. 『경향신문』, [노동이 부끄러워요?] "노동 생각하면 노예 떠올라… 내 꿈은 노동자가 아니에요"(2016. 4. 29).
11. 「학교급식조리 노동자 작업환경 평가와 개선을 위한 연구조사 보고서」, 노동환경건강연구소 2012년.

다 안전이 중요한 시대이지만, 정작 교육부와 시도 교육청은 학교 내 유해 위험 요소에 대한 실태 파악도 하지 않고 있고 재해 발생에 대비한 대응 체계도 구축되어 있지 않고 있다. 비정규직 노동자들은 병가와 질병휴직 제도 자체가 차별받고 있고, 그나마 차별적인 병가제도도 대체 인력 제도 미비 등으로 인해 학교 비정규직 노동자들은 다치거나 아파도 제대로 치료받지 못하는 실정이고, 학교의 반대로 소극적 지원으로 인해 복잡한 산재보험제도의 혜택을 받기도 힘들다.

수직적 학교문화에서 일방적으로 전가되는 업무들,
비정규직 노동자 업무 폭탄

교원 업무 경감의 정책 목적이 "교원을 위한 업무 경감"에 두고 있기 때문에, 정작 그 업무를 떠안게 될 다른 학교 구성원, 특히 비정규직의 의견은 철저히 무시되고 있다. 특히, 학교 현장은 계급사회로 불릴 정도로 위계적인 조직문화인데, 고용이 불안하고, 차별받는 비정규직이 대등한 조건에서 업무 분장에 대한 협의를 진행할 수 있을 것이라는 애초에 기대하기도 어렵다. 일방적 정책 결정은 위계적인 학교문화와 결합되어 비정규직 노동자에게는 일종의 폭력으로까지 느끼게 만든다. 실제 2013년 8월 충북 지역의 과학실무사가 학교의 일방적인 업무 전가와 직종 전환 요구로 고통을 받다 자결한 안타까운 일까지 발생했다. 교원의 경우 직접적 교육 업무 외에 업무를 '잡무雜務'로 보는 인식자체가 개선되어야 한다. '잡무雜務'라 부르는 것은 학교 사회의 계급적 성격, 교사 위주의 학교문화가 그대로 드러나는 용어이다. 현재 비정규직(또는 행정직 공무원)이 하고 있는 각각의 업무도 학교의 정상적 운영과 공교육의 발전에 기여하는 중요한 업무로 인정해야 한다. 교직원 간의 심각한 갈등 발생을 소위 '교육자치'라는 미명하에 현장 갈등 방치하는 교육 당국도 문제이다. 구체적인 업무 분장의 결정 등은 모두 개별 학교 현장의 몫이 되어 현장의 갈등이 심각하다. 교원 업무 경감 정책추진 이제 근본적으로 바뀌어야 한다. 교원만을 위한 업무 경감이 아니라 교직원 모두를 위한 '학교업무 정상화'로 변화되어야 한다. 학교와 교육청(지원청 포함), 그리고 중앙정부 간의 역할에 대한 분석과 함께, 교육청 및 교육부는 학교의 정상적 업무에 대한 지원 기능을 중심으로 운영되도록 변화해야 한다. 특히, 지금의 학교 현장은 교원의 발언권이 압도적으로 강한 중심으로 상당히 기울어져 있는 운동장과 같은 상황이므로 학교 단위로 업무 분장에 대한 결정 권한을 무작정 위임할 경우 비정규직은 계속 불이익을 받을 수밖에 없는 구조이다. 따라서 비정규직 관련 노동조합과 시도 교육청 단위에서 표준적인 업무 분장안에 대한 합의안을 마련한 후 현장 학교에 안내 및 지도하는 과정이 필요하고, 정책 수립과 업무 분장 과정에서 비정규직의 참여가 보장되고 의견이 반영되어야 한다.

초중등학교 비정규직 문제 해결을 위한 해법

① 교육공무직제 도입과 교육공무직법 제정

무기계약직 대책은 상대적인 고용 안정이 있을 뿐이고 무기계약직은 기간제와 동일한 임금 등 처우를 받고 있어 차별적 처우가 영구화되는 "무기한 비정규직" 양산 대책에 불과하다. 학교 비정규직의 '교육적' 역할과 '공공적' 역할을 오롯이 존중하는 "교육공무직"이라는 공공 부문 비정규직에 대한 새로운 정규직화 모델을 만드는 것이 필요하다. 교육공무직제의 제도화는 첫째, 학교 비정규직을 교직원 중 하나의 분명한 주체로 법제도적으로 인정하는 의미가 있고, 둘째, 교육감 직접고용 방식으로 최초 채용 시부터 무기계약으로 고용하고 교육청이 직접 정원, 선발 및 퇴직, 임금, 복무, 퇴직금(연금) 등 인력관리가 제도화하는 것이며, 셋째, 비정규직에 대한 직무연수 등 직무 능력 개발 기회를 보장하는 것이고, 넷째, 비정규직에 대한 차별 없는 임금 체계를 적용하는 것이며, 다섯째, 학교 비정규직에 대한 임금 등 인건비에 대한 중앙정부의 책임과 노력을 강화시키는 것이다. 특히 지역별로 제각각인 인사관리와 노동조건을 전국적으로 통일적으로 운영하고 중앙정부의 책임과 노력을 강화하기 위해서는 지난 19대 국회에서 발의되었던 "교육공무직원의 채용 및 처우에 관한 법률"을 시급히 제정되어야 한다.

② 차별적 임금 체계 개선을 위해 종합적인 임금 수당 체계 개선

근속 연수가 길수록 정규직 대비 임금 격차가 확대되는 차별적 임금구조를 개선하기 위해서는 비정규직에 대한 호봉제 도입과 함께 급식비 지원, 명절 휴가비 상향 등 임금 체계에 대한 근본적이고 종합적인 개선 대책이 필요하다. 교원과 공무원과 비교할 때 임용 절차 및 자격 요건의 차이를 감안할 때, 종합적인 학교 비정규직의 처우에 대한 기준은 현재 기획재정부가 "기간제 및 무기계약 근로자 관리규정"에 의해 대우하고 있는 임금 수준 88%, 정근수당, 급식비, 각종 수당

동일 지급이라는 기준은 중요한 근거가 될 것이다.

그림 4-7_임금체계 개선의 방향(전국교육공무직본부 자료 인용)

현재의 차별적 임금구조

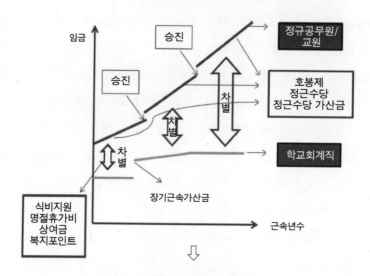

대안적 임금체계 도입

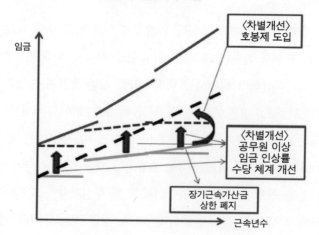

③ 무기계약 전환 제외자 27만 명에 대한 고용 안정 대책 필요

현재 전체 38만 명에 달하는 학교 비정규직 중 무기계약으로 전환되지 않은 27만 명에 대한 고용 안정 대책이 필요하다. 현재 기간제 고용의 형태가 워낙 다양하지만, 교육청 단위의 인력 관리를 기본적인 원칙으로 하고 특성별로 맞춤형 고용 안정 대책을 수립해야 한다. 상시전일제 강사 직종인 영어회화 전문 강사와 초등 스포츠 강사의 경우 이미 최대 인력 대비 절반 수준으로 인력이 감축되었다. 고용노동부와 인권위원회의 권고를 감안해 무기계약 전환 등 고용 안정 대책을 수립해야 한다. 또한 방과후강사의 경우 학교별 관리가 아니라 교육청의 직접 관리 또는 교육청별로 공단과 같은 공적 기구를 통해 인사관리가 필요하다. 기간제 교원의 경우 현재의 인력풀제도를 확대 강화하고 현재의 학교장 채용 방식에서 교육청 단위의 인력 관리제도로 변경되어야 한다. 또한, 향후 발생될 수 있는 새로운 비정규직 양산은 철저히 막아야 한다. 교육 현장의 비정규직의 무분별한 양산을 막기 위해 향후 정규 고용의 원칙이 확립되어야 한다.

④ 민주적이고 평등하고 안전한 학교문화 구축 노력 제도화

직종 명칭, 호칭, 사적이고 비인격적인 업무 지시 관행 등 학교문화가 바뀌어야 한다. 이를 위해서 최우선적으로 교원, 공무원, 학교 비정규직을 포함한 전체 교직원에 대한 노동인권 교육이 실시되어야 한다. 교직원에 대한 노동인권 교육은 미래의 노동자이거나 이미 현재 아르바이트 노동을 하고 있는 학생들에 대한 노동 및 시민인권 교육으로 확대될 필요가 있다. 교육행정 당국도 각종 정책 변화와 특히 인력 대

책 수립 시 비정규직 노동자들의 의견을 충분히 수렴하는 참여형, 개방형 구조로 변화되어야 한다. 학교 급식실 노동자들을 포함해 학교 내 유해 위험 요인 실태 조사 실시(근골격계부담작업 조사 포함) 및 안전 관련 대책 수립하고, 정기적 건강검진 실시(근골격계 진단검사 포함)하고 대체 인력 제도를 실질적으로 운영해야 한다.

⑤ 지방 교육 재정 확충을 위한
　중앙정부의 노력과 교육청의 최우선적 문제 해결 의지

최근 무상급식 시행, 유·초·중등학교의 유아교육 지원, 방과후학교 운영, 다문화 가정 자녀 교육 지원, 장애 학생 지원, 학교 도서관 운영 등 다양한 교육 수요가 늘어났음에도 정작 이에 필요한 교육재정 확충 없이 교육재정을 '제로섬zero-sum 게임'으로 만들어버렸기에 중앙정부 및 지방정부가 지방 교육재정에 대한 예산 지원 확대도 함께 진행되어야 한다. 무상급식, 돌봄교실 등 교육복지적 사업에 대한 중앙정부 및 지자체 지원 확대가 필요하고, 교육재정 OECD 평균 수준 확충을 위해 지방교육재정교부금 관련 법률 개정 필요하다(현행 내국세 20.27%에서 25% 이상으로 확대 등). 하지만 교육재정의 확충이 되지 않았다는 이유만으로 현재의 심각한 비정규직 문제 해결에 대한 교육청의 책임이 면책되어서는 안 된다. 비정규직 문제해결을 위한 관련 예산을 우선적으로 집행하려는 교육청의 의지도 마찬가지로 중요하다.

2) 대학교육의 절반
-비정규 교수와 대학 비정규직 노동자

대학의 비정규 교수들은 순수 시간강사 외에도 대우교수, 겸임교수, 초빙교수, 객원교수 등 수십 가지 명칭으로 다양하게 존재한다. 2015년 통계로는 전국의 시간강사는 약 10만 명으로 보이지만, 여러 대학에서 강의하는 경우인 중복 출강을 고려하면 실질적인 시간강사의 수는 7만 명 내외로 추정된다. 이 중 강의료로 생계를 책임지는 전업 강사의 수는 3만 5000명 정도이다. 정확한 통계를 내기 어려운 이유는 매 학기 변동이 되기 때문이며 교육부가 총괄 관리를 하고 있지 않기 때문이다. 시간강사 외의 비전임 교원도 1만 5000명 내외 존재하므로 현재 비정규 교수는 8만 5000명쯤 된다고 할 수 있다.

표 4-10_대학 유형별 시간강사 현황

단위: 명

구분		일반대	산업대	교육대	전문대	계
국공립	시간강사	15,563		1,164	652	17,379
	(전임 교원)	18,031		835	316	19,182
사립	시간강사	51,813	531		21,208	73,552
	(전임 교원)	52,447	316		12,699	65,465
합계	시간강사	67,376	531	1,164	21,860	90,931
	(전임 교원)	70,478	316	835	13,015	84,644

*일반대(대학원대 포함), 산업대, 교대, 전문대 대상이며, 방송대, 각종대, 기술대, 사내대, 사이버대, 전공대 포함할 경우 전임 교원은 86,656명 시간강사는 100,639명임

출처: 2015. 4. 1. 기준 한국 교육개발원 고등통계조사

비정규 교수들은 현재 대학교육의 40% 가까이를 담당하는데 그중 시간강사의 비중이 가장 크다. 하지만 그 역할의 중요성에 비해 이들에 대한 처우와 권리 보장은 형편없는 수준이다. 비정규 교수들은 일반 '비정규직 노동자'처럼 최저생계비에도 미치지 못하는 임금을 받는 경우가 허다하며, 연구·휴게 공간이나 직장건강보험 그리고 퇴직금도 보장받지 못한 채 인격적인 모욕을 당하는 경우도 무수히 많다.

표 4-11_교원 강의 담당 비율

단위: 학점, %

구분		전임 교원 담당 학점	비전임 교원			
			겸임 교원 담당 학점	초빙 교원 담당 학점	시간강사 담당 학점	기타 교원 담당 학점
전체(176개교)		443,444	27,453	28,617	190,280	17,732
		(62.7)	(3.9)	(4.0)	(26.9)	(2.5)
설립	국·공립 (26교)	89,215	2,847	7,285	44,081	5,864
		(59.8)	(1.9)	(4.9)	(29.5)	(3.9)
	사립 (150개교)	354,229	24,606	21,332	146,199	11,868
		(63.5)	(4.4)	(3.8)	(26.2)	(2.1)
소재지	수도권 (66개교)	152,957	10,586	10,600	80,821	7,509
		(58.3)	(4.0)	(4.0)	(30.8)	(2.9)
	비수도권 (110개교)	290,487	16,857	18,017	109,459	10,223
		(65.3)	(3.8)	(4.0)	(24.6)	(2.3)

출처: '15. 1학기 기준 대학정보공시

비정규 교수 중 강의료가 제일 많은 국립대학 전업 시간강사가 그 대학의 책임시수를 다 한다고 가정하였을 때 연봉은 2,160만 원(계산법: 1주일 9시간 책임시수×1시간당 80,000원×15주×2개 학기)에 불과하다. 월 180만 원 수준이다. 실제 1주일에 9시간의 책임시수를 다 하는 강사의 비율이 대단히 낮다는 점을 감안한다면, 그리고 사립대학의 강의료는 국립대학의 2/3에도 미치지 못한다는 점을 고려한다면 대부분의 시간강사 연봉은 1,500만 원~2,000만 원으로 추정된다.

2003년부터 2010년까지 서울대, 건국대, 조선대 등의 비정규 교수들이 생활고와 차별을 이유로 유서를 남기고 자결하자 정부는 2010년에 사회통합위원회를 가동하여 국립대 전업 강사 강의료 3년간 인상이라는 미봉책을 냈다. 그런데 교육부는 그 안에 담긴 독소 조항들을 모아 속칭 '강사법'이라는 「고등교육법일부개정법률안」을 노동조합과 대학 구성원들의 반대에도 국회에서 통과되도록 하였다. 그러면서 대학평가 지표에 '전임 교원 강의 담당 비율'을 추가하였다. 전임 교원 강의 담당 비율을 높이기 위해 각 대학들은 전임 교원과 비정규 교수의 강의 평가 결과가 같음에도 불구하고 전체 강좌 수를 줄이거나 전임 교원의 노동강도를 강화하는 조치를 시행하였고 그 결과는 비정규 교수 대량 해고와 교육의 질 저하로 이어지게 되었다.

교육부는 '비정년트랙전임교원제도'를 확산시켜 전임 교원의 고용 안정성을 약화시키는 데 앞장섰다. 1~2년 단위로 연봉제 계약하는 비정규 교수라 할지라도 재계약 횟수의 제한이 없고 사학연금 보장만 되면 법적 전임 교원으로 간주해주는 조치를 단행한 것이다. 대학들은 교원 인건비 절감을 위해 너도 나도 이 제도를 악용하였고 그 결과 기존의 전임 교원보다 훨씬 더 많은 일을 하면서도 처우와 권리 수준은 낮은 기간제 교수의 수가 급증하였다. 이 비정년트랙전임교원(보통 교육중점교수라 부름)들에게 대학들은 더 많은 강의를 맡김으로써 전임 교원 강의 담당 비율 항목에서 높은 점수를 받았지만, 그 결과 강의 시간을 확보하지 못하는 비정규 교수가 속출하였다. 그리하여 2010년에 비해 2016년 1학기 현재 약 30% 정도의 비정규 교수가 해고되었거나 담당 강의량이 줄어 큰 어려움에 처해 있다. 앞으로 대학 평가 정책을 법으로 강제하는 대학구조개혁법[12]이 국회를 통과하여 시행되면 이와 같은 추세를 더욱 강화되어 수십 년간 교육·연구 역량을 쌓아온 수만 명의 비정규 교수가 길거리로 내몰릴 상황이다. 이는 우리나라의 주요 교육 자산을 잃어버리는 것과 함께 앞으로 이 사회에 필요한 학문 재생산 구조의 기반 자체가 심각하게 파괴되는 결과를 초래하게 될 것이다.

한편, 2011년 국회를 통과한 '강사법'의 주요 문제점으로는 교수직의 비정규직화, 강사 대량 해고, 학문 재생산 구조의 파괴, 교육의 질저하 등을 들 수 있다. 각종 차별 사항을 법조문에 명시한 강사법이 시행될 경우 대학들은 비정년트랙전임교원보다 훨씬 열악한 처지의 교원을 양산할 것이 확실하다. 정부가 비정규 교수의 처우를 개선한다는 미명하에 법령 개정을 하였지만 그것은 실상 비정규직을 고착화거나 확대하는 결과로 이어지고 있다. 무늬만 교원 지위를 인정하고 계약 기간이 6개월에서 1년으로 늘어났을 뿐 아무런 변화가 없다. 최근 들어서는 1년 미만이 가능한 예외 사례를 많이 만들어내는 방향으로 개악이 시도되고 있다. 강사법에 따른 강사는 교원이되 교육공무원은

---

12. 2016년 6월 21일에 김선동 의원이 대표 발의하였다. 이는 2014년 김희정 의원, 2015년 안홍준 의원에 이어 세 번째로 박근혜 정권이 대학구조 개악을 개혁의 이름으로 쉼 없이 추진하고 있다는 증거로 볼 수 있다. 2014년과 2015년에 발의된 법안들이 제19대 국회의원 임기 종료로 자동 폐기되었음에도 그 본질이 같고 내용이 흡사한 법안을 제20대 국회 첫 임시국회에서 바로 발의하였기 때문이다.

아니고, 명칭도 부적절하고, 연금 적용도 못 받고, 신분 보장도 법이 아니라 학교와의 계약에 따르게 되어 있다. 급여 수준이나 지급 방식도 학교가 일방적으로 정한다. 이와 같이 일상적으로 해고의 위협에 시달리고 머물 연구실도 없이 떠돌면서 생계 곤란에 빠져있는 교원들이 양산되는 대학에서 높은 교육의 질이나 학문 성숙을 기대할 수 없다. 비록 비정규 교수노동조합을 비롯한 실천적 교원단체들과 노동단체들의 노력으로 이 악법의 시행이 3차례나 법 개정을 통해 미루어져 왔으나 2018년 1월 1일로 예정된 시간은 다가오고 있다. 좀 더 많은 사회적 관심과 특단의 대책이 필요한 때이다.

시간강사제도 도입(1962), 교수재임용심사제도 도입(1975), 비정년트랙교수제도 도입(2001), 교수계약제 도입(2002), 산학협력 등 일부 기능만 담당하는 교원제도 도입(2011), 강사법 통과(2011), 대학구조개혁법 추진(2014~)이 보여주는 뚜렷한 하나의 경향은 한마디로 '정규 교수직의 비정규직화'이다. 교수의 지위를 불안하게 하여 정권과 자본의 입맛에 맞게 길들이려는 과정에서 도입된 제도들인 것이다. 이 과정에서 학생들의 수업 선택권은 박탈당하고, 양질의 교육은 불가능해지며, 학문 재생산 구조는 심각하게 파괴된다. 한마디로 대학이 제 기능을 수행하기 어려워진다. 이 피해는 대학 구성원들이 일차적으로 입지만 근본적으로는 국민들이 그 부담을 다 떠안게 되기에 잘못된 대학구조개혁법과 현재의 강사법 시행을 막고 공공적 대학 체제 개편을 추진하여야 한다.

대학 비정규직 노동자들의 노동조건도 나날이 악화되고 있다. 그동안 진행된 대학의 시장화와 기업화는 국립대학이나 사립대학 할 것

없이 조리 업무를 담당하거나 시설관리를 하는 노동자들(특히 청소, 관리, 주차 노동자)의 고용 형태를 비정규직으로 바꾸었다. 즉, 이전에 직영이었던 경비나 청소 업무가 계약직이나 일용직, 용역직과 같은 비정규직 형태로 전환된 것이었다. 이러한 전환은 이미 1980년대 말부터 시작되었는데 1997년 경제위기 직후 더욱 가속화되었다. 직접고용이 아닌 간접고용으로의 전환은 용역 형태로 나타나며, 현재는 거의 대부분의 대학이 용역이라는 형태로 간접고용을 일반화하고 있다. 대학들은 용역업체라는 방패막이를 세워 놓고 시설관리 노동자들에 대한 노동 착취를 수수방관, 조장하고 있다. 대학들은 시설관리 노동자들에 실질적인 업무를 지시하면서도 이들에 대한 노동법상의 책임은 회피하려고 용역업체를 중간에 끼워놓았다. 용역업체가 중간에서 노동자 몫의 임금, 퇴직 적립금을 얼마나 횡령하는지에 대해서 대학본부는 신경 쓰지 않는다. 또 노동자들이 임금 인상과 노동조건 개선을 위해서 노동조합을 결성하면 학교에서는 용역계약 해지로 노동조합 활동을 와해시키려고 한다.

시설관리 노동자들의 노동조건은 참으로 열악하다. 정상적 강의를 위해서는 1교시 이전에 모든 청소가 끝나야 한다. 그러려면 거의 첫차를 타고 출근해 갖가지 오물을 치우며 땀범벅이 되어 일해야 한다. 이들에게는 최저임금이 마치 최고임금처럼 강요된다. 업체들은 연차수당, 퇴직금 명목을 활용하여 최저임금을 위반하는 경우도 많다. 용역금액은 면적당 인원으로 책정되는데 용역회사들은 실제 1인당 담당 면적을 넓혀 이윤을 더 짜내기 위해 짧게는 몇 주 길게는 아예 인원을 채우지 않는 방식으로 남은 노동자들의 노동강도를 강화하여 초과 착취하고 있다. 학교와 회사의 눈 밖에 나면 1년마다 하는 재계약을 보장받기 힘들고, 용역회사마저 1년 혹은 2년마다 바뀌어서 고용 보장이 무척 어렵다. 항시적인 고용 불안에 놓여 있는 것이다. 대부분의 대학이 수만 수십만 평의 땅에 눈부신 건물 수십 동을 갖고 있음에도 그 어디에도 시설관리 노동자들을 위한 공간은 찾아보기 힘들다. 냉난방도 어렵고 쉴 공간도 없고 계단 밑 좁은 공간, 보일러 옆 창고 등이 이들이 살아가는 공간이 된 지 오래이다.[13] 대학에서 이들을 이렇게 대하면서 직업의 귀천이 없다고 가르친다거나, 비정규직 차별의 문제점을 이야기하는 것은 어불성설이다. 대학생들은 어릴 때부터 학교 현장에서 심각한 차별을 보고 듣고 겪으며 자라며 이후 차별을 내재화하여 사회 활동 속에서 차별적 행위를 별다른 죄의식 없이 수행한다. 학교가 바로서지 못하면 교육을 바로 하지 못한다면 이와 같은 추세는 더욱 강화될 것이다.

대학의 비정규 노동자들은 조교를 비롯한 직접고용 대학 직원들에게서도 발견된다. 전국 340여 대학에서 2만여 명의 조교가 일하고 있다. 전체 직접고용 직원 숫자가 5만 5000여 명인 것을 감안할 때 1/3이 넘는 숫자이다. 이들 외에도 산학협력단 등에 근무하는 직접고용 비정규직원의 수도 상당하다. 특히 조교는 과거와 달리 '직업조교'가 주를 이루고 있다. 이들은 교육조교, 연구조교, 실습조교, 행정조교 등으로 불리며 학과와 실험·실습실뿐만 아니라 주요 행정부서에서 근무

13. 『질라라비』 2016년 7월호(155호) 참고.

하면서 일반 행정업무까지 담당하고 있다. 전문대학 조교는 학위 취득과는 무관한 직업조교들이 거의 대부분이다.

국·공립대학의 경우 조교는 「교육공무원임용령」에 따라 1년마다 계약제로 임용되고 7급 공무원에 준하는 처우를 보장받는다. 이에 비해 사립대학 조교들은 1년 단위 계약직이라는 점에서는 비슷하지만 임금이 최저임금을 겨우 넘기는 수준에 불과한 경우가 많다. 국립대학이든 사립대학이든 조교들은 매년 학과 교수 등의 평가를 받아 재계약 여부가 결정되기 때문에 교수에게 절대적으로 종속되어 있다.

출산율 저하와 여러 요인이 겹쳐 학생 충원율이 줄어들고 있다. 대부분의 재정을 등록금에 의존해 온 대학들은 더욱 재정 압박을 받고 있다. 최근 교육부는 정부의 재정 지원을 무기로 학생 정원 축소를 지속적으로 강요하고 있다. 이에 많은 대학은 가장 비용이 많이 들어가고 있는 인건비를 줄이려 하고 있다. 그 결과, 기존의 교수와 직원을 명예퇴직 등의 방식으로 내보내 인원을 대폭 축소시키고, 꼭 필요한 경우에만 충원을 하되 상대적으로 저임금인 비정규직으로 채워 넣는 일이 일반화되고 있다. 조교들에게도 이 불똥은 튀고 있다. 정규직원의 숫자가 줄고 업무가 가중되다 보니 더 많은 행정업무가 조교들에게 넘어오면서 조교들의 노동강도가 세지고 있는 것이다. 심지어 일부 대학들은 학과별 사무실을 폐지하고 조교 1인이 2개 학과의 업무를 동시에 맡게 하고 있다. 이렇게 저임금에 업무량이 늘어나고 교수들의 요구도 많아지다 보니 이를 못 견디고 중도에 퇴사하는 경우도 늘어나고 있다.[14] 과거에 조교는 교원의 범주에 포함되기도 하였다. 그만큼 조교는 학생들과 긴밀한 관계를 맺어 왔다. 그동안 대학사회에서 조교가 학생들과 일상적으로 소통하고, 학사일정을 안내하며, 교육관련 지도를 하고, 대학원 및 취업과 연관되는 활동을 해온 점을 감안할 때 이러한 직원의 비정규직화와 노동강도 강화 추세는 교육적으로 결코 바람직하지 않다.

대학 비정규 교수 문제의 해법은 첫째, OECD 평균 수준으로 정년트랙전임교원을 충원하는 것이다. 편법을 양산하는 비정년트랙전임교원제도는 폐지해야 한다. 법정 교원 확보율을 100%로 하려면 당장 5만 명 이상의 전임 교원이 더 필요하다. 이는 2015년 기준 전업 강사 3만 5000여 명과 각종 비정규 교수 대부분을 수용할 만한 숫자이다. 또 교원 1인당 학생 수(4년제 대학의 경우 약 35명)를 OECD 가입 국가 평균 수준(약 15명)에 맞추려면 최소 7만 명 이상의 전임 교원이 더 필요하다. 둘째, 정년트랙전임교원 100%를 달성과 함께 비정규 교수의 고용 안정을 보장하고 노동조건을 개선하도록 한다.[15] 이를 위해 국가가 재정 지원을 통해 비정규 교수의 임금을 지원하는 방안(이는 대학 등록금 인하의 효과도 가져온다!)을 적극적으로 도입한다. 또한 대학 조교수 평균 연봉의 2/3 이상 또는 3인 가구 표준생계비를 지급하도록 한다. 이와 같은 혁신적 조치를 추구하면서 독소 조항이 많은 현행 강사법을 폐기하거나 부작용이 없는 개선 방향으로 개정하는 활동이 선행되어야 한다. 그리고 대학노동 체제 자체를 근본적으로 불안정하게 만들고 있는 대학 구조조정 정책을 분쇄하고 대학구조개혁법의 법제

---

14. 『질라라비』 2016년 7월호(155호) 참고.
15. 사실 정년트랙전임교원 100%를 확보했다 하더라도 계열별 편차나 상황에 따른 불가피성을 고려하여 소수지만 일부의 비정규 교수는 존재할 수도 있다. 이는 대학 공공성을 확보한 나라들에서조차 발견되는 전 세계적 현상이기도 하다.

화를 저지해야만 한다.

대학 비정규직 노동자의 해법은 우선 직접고용으로 전환하는 것이다. 대학 비정규직 노동자도 도급 등의 간접고용을 중단하고 대학이 직접 고용하도록 한다. 직접고용은 간접고용에서 발생하는 임금의 누수 현상(하청업체의 중간 착취)를 막고, 노동자의 직무 몰입도를 높여 결과적으로 보다 양질의 대학교육 인프라를 형성하게 된다.

이미 직접 고용되어 있는 대학부문 비정규 노동자의 경우 적정 인원과 처우에 관한 기준을 사회적으로 만들어 대학이 이를 준수토록 의무화해야 할 것이다. 대학구조조정 저지와 대학공공성 확보를 위한 공동대책위원회(이하 대학공공성공대위)는 2016년 5월 12일에 기자회견을 통해 '비정규직 없는 대학헌장 초안'을 발표하였는데 이 헌장 초안에는 직접고용, 적정 인원, 적절한 대우, 평등권, 대학 지배구조 재정립, 공유의 원칙 등이 상세하게 거론되어 있다. 비정규직 없는 대학헌장을 몇 년에 걸쳐 각 대학마다 채택할 수 있도록 공론화하고 초·중등학교에도 뜻과 궤를 같이하는 조치들을 함께 마련해야 할 것이다. 노동과 함께 하는 현장으로부터의 교육혁명이 진행될 때 교육 체제의 올바르고 근본적인 물적·인적·의식적 재편 동력이 확보되기 때문이다.

사회 변화는
교육의 변화를
자극한다
–공공 부문 확대와 학력·학벌 차별 철폐

교육과 사회의 관계

대부분의 나라에서 교육과 사회의 형태는 매우 밀접한 관계를 가지고 있다.

그림 1_미국, 영국, 일본, 한국 등의 사례

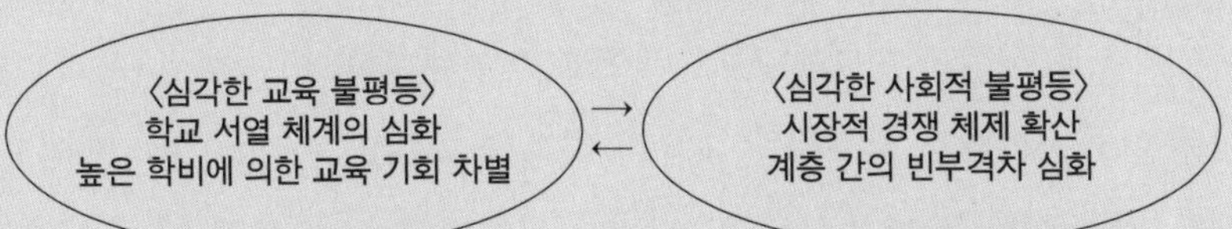

〈심각한 교육 불평등〉
학교 서열 체계의 심화
높은 학비에 의한 교육 기회 차별
→
←
〈심각한 사회적 불평등〉
시장적 경쟁 체제 확산
계층 간의 빈부격차 심화

그림 2_노르웨이, 핀란드, 프랑스, 독일 등 대부분의 유럽 국가들

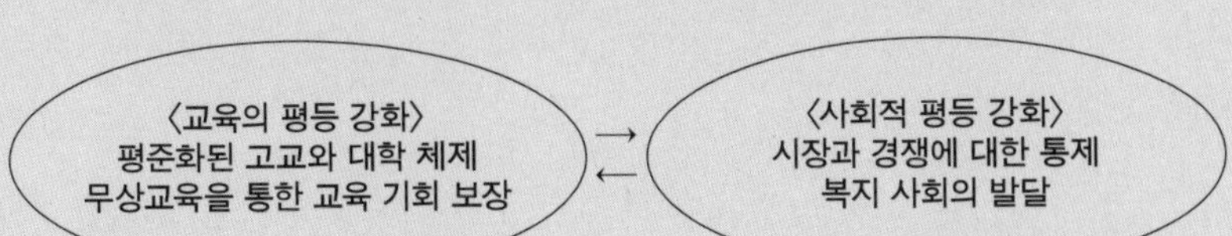

〈교육의 평등 강화〉
평준화된 고교와 대학 체제
무상교육을 통한 교육 기회 보장
→
←
〈사회적 평등 강화〉
시장과 경쟁에 대한 통제
복지 사회의 발달

위 〈그림 1〉에서 보듯이 사회가 경쟁적인 성격을 강하게 띨수록 교육도 경쟁적 성격을 강하게 띠기 마련이다. 뒤집어 보면 불평등하고 서열화된 교육체계는 사회적 불평등을 정당화시키는 데 매우 중요한 역할을 한다. 결국 서로 악순환의 고리를 형성하면서 교육적 불평등과 사회적 불평등을 확대 재생산하는 관계를 형성한다.

반면에 〈그림 2〉에서 볼 수 있듯이 교육에서의 평등성의 강화는 사회적 평등성의 강화에 기여하며, 역으로 사회적인 평등성의 지표가 높을수록 평등한 교육 체제를 만들기가 상대적으로 쉽다.

한국의 교육과 사회는 〈그림 1〉에 속해 있는 나라 중에서도 최악의 경우에 해당한다. 학교는 극단적으로 서열화되어 있고, 학력과 학벌에 의해 사회적 지위가 결정되는 시스템을 가지고 있다. 또한 최근에는 한국 자본주의의 위기와 신자유주의 정책에 의해 사회적 양극화가 심화되고 특히 청년들이 가장 커다란 피해를 입게 되면서 학력과 학벌 경쟁이 극단으로 치닫고 있다. 즉 교육적 불평등과 사회적 불평등이 상호 악영향을 미치는 최악의 모습을 보여주고 있는 것이다.

교육과 사회의 형태는 서로 마주보고 있는 거울과 같다. 사회적 평등성이 강화되지 않고서는 교육적 평등도 확대될 수 없으며, 그 역도 마찬가지이다. 양자는 선후의 관계가 아니라 동시에 함께 가야 할 동반자적 관계이다.

한국 사회에서 학력과 학벌의 위력은?

표 1_학력별 임금 격차 추이

구분	월 급여액(천 원)				
	2011	2012	2013	2014	2015
전체	2,102	2,216	2,288	2,353	2,415
중졸 이하	1,424	1,459	1,509	1,414	1,447
고졸	1,732	1,812	1,881	1,896	1,913
전문대졸	2,008	2,098	2,169	2,301	2,326
대졸	2,710	2,853	2,892	2,981	3,051
대학원졸	3,547	3,827	4,032	3,995	4,302

출처: 고용노동부

〈표 1〉에서 학력에 의한 임금격차가 한국 사회에서 얼마나 심각한 상태인지를 알 수 있다. 고졸과 대졸의 임금격차가 1천만 원을 넘어섰고, 대졸과 대학원졸의 임금격차도 1천만 원을 이미 넘어섰다. 일자리는 정규직과 비정규직, 대기업과 중소기업, 고임금 직군과 저임금 직군으로 철저히 양극화되고, 학력은 양극화된 일자리 중에서 어느 쪽으로 갈 것인가를 결정하는 가장 핵심적인 변인으로 작용하고 있다.

박근혜 정부 17개 부처 전체 고위공무원단(실·국장급) 567명 가운데 수도권 대학 출신이 467명으로 82.4%를 차지하고 있는 반면, 수도권 외(지방) 대학 출신은 95명으로 16.8%에 불과한 것으로 조사됐다. 특히 서울대·연세대·고려대 등 이른바 'SKY' 출신이 차지하는 비율은 46.7%로 절반에 달했다. 구체적으로 서울대 29.1%(165명), 연세대 9.2%(52명), 고려대 8.5%(48명) 순이었다. 이어 한양대 6.5%(37명), 성균

표 2_고위 공직자 대학별 출신 비율

단위: 명, %

순위	학교	인원	비율
1	서울대	165	29.1
2	연세대	52	9.2
3	고려대	48	8.5
4	한양대	37	6.5
5	성균관대	28	4.9
6	육사	27	4.7

출처: 아이뉴스24(2013. 6. 3)

관대 4.9%(28명), 육사 4.7%(27명) 순이다.

고위공직자 중 서울대 출신이 50%가 넘는 부처는 산업통상자원부 (21명, 53.8%), 외교부(37명, 52.9%), 기획재정부(15명, 50.0%) 등으로 나타 났다. 해양수산부는 부처 업무 특성상 수도권 외(지방) 대학 출신 고위 공직자가 56.4%(22명)에 달했다.

표 3_30대 대기업 임원 대학 출신별 숫자

단위: 명, %

대학	인원	비율	대학	인원	비율
외국 대학	716	21.4	경북대	115	3.4
서울대	344	10.3	인하대	92	2.8
고려대	235	7.0	영남대	46	1.4
연세대	223	6.7	고졸	5	0.15
한양대	159	4.8	전문대졸	7	0.2
성균관대	144	4.3	기타 4년제대	1,142	34.15
부산대	114	3.4	계	3,342	100.0

출처: 『시사저널』 1382호(2016. 4. 14)

하지만 최근에는 학력이 가지고 있는 변인으로서의 중요성이 점차 감소하고 있다. 이미 대학 진학률이 80%를 상회하는 상황에서 대학 졸업장이 특권으로 작용하기에는 많은 한계를 가질 수밖에 없다. 이런 상황에서는 대학 졸업이라는 학력이 아니라 어떤 대학을 졸업했는 가라는 학벌이 결정적인 중요성을 가지게 된다.

〈표 2〉와 〈표 3〉은 한국 사회에서 학벌이 얼마나 중요한지를 단적으로 보여준다. 공공 부문이든 사기업이든 특정 학벌 출신들이 모든 지위와 권력을 독점하고 있음을 알 수 있다. 이른바 SKY 출신이 아니면 상류층으로 진입하기 힘든 게 우리의 현실이다. 상위학벌의 대학이 아니면 공공 부문이나 대기업에 진출하기도 힘들며, 승진 단계에서는 더욱 커다란 차별을 받게 된다.

고등학생 자녀를 둔 학부모의 입장에서 상상해보자. 과연 우리는 이런 사회 현실에서 학교에게 입시 교육보다는 전인 교육을, 아이들에게 강압보다는 자율적 선택을 존중하는 교육을 하라고 요구할 수 있겠는가? 혹시 대학입시 성적이 좋은 학교에 입학할 기회가 주어졌는데 이를 거부할 수 있겠는가? '예'라는 대답이 쉽게 나올 수 없을 것이다.

아무리 입시 경쟁이 '제로섬 게임'이거나, 부정적인 의미의 '레드퀸 효과'에 사로잡혀 있다 할지라도 사람들은 경쟁을 포기할 수 없다. 포기하는 순간 대면하게 될 '학력과 학벌에 의한 차별'이라는 가혹한 사회 현실을 견딜 수 없기 때문이다. 그래서 대부분의 사람들이 결국 승산 없는 싸움이라는 것을 알면서도 가혹한 현실과의 대면을 가능하면 유예시키기 위하여 계속하여 경쟁에 참여한다.

이런 무모한 제로섬 게임과 파별적인 레드퀸 효과를 제거하기 위해

- 제로섬 게임: 이미 사람들이 가고 싶은 대학의 정원은 정해져 있기 때문에 어떤 경우든 소수만 목적을 달성하고 다수는 실패할 수밖에 없는 결과가 이미 예정되어 있는 게임. 대학 입시 경쟁의 성격을 잘 드러내 주는 개념
- 레드퀸 효과: 내가 입시 경쟁에서 승리하기 위하여 사교육에 더 많은 투자를 하면, 타인은 다시 나를 이기기 위해 더 많은 투자를 하게 되고, 결국 경쟁은 격화되어 더 많은 희생을 강요하지만 아무리 뛰어보았자 제자리걸음을 할 수밖에 없는 상황. 소모적이고 파멸적인 경쟁을 드러내는 개념

서 우리가 할 수 있는 일은 두 가지이다. 우선 대학 서열 체제를 인위적으로 타파하기 위해 노력하는 것이다. 즉, 교육적 평등성을 강화하는 것이다. 그리고 사회 내에서 학력과 학벌에 의한 차별을 금지하기 위해 노력하는 것이다. 사회적 평등성을 강화하는 것이다. 그리고 이 둘은 동시에 추진되어야 더 커다란 탄력을 받을 수 있다.

대학을 졸업하면 취업은 될까?

최근 교육에 심대한 영향을 미치는 또 다른 문제가 발생하였다. 경제위기의 심화와 신자유주의 정책으로 청년실업이 증가함과 동시에 청년층의 취업난이 심각해지고 있다. 이제 대학을 졸업해도 취업하기 힘들며, 어렵게 취업을 해도 양질의 일자리를 구하기는 하늘의 별 따기이다.

표 4_2014년 고등교육기관 졸업자 건강보험 및 국세 DB 연계 취업률

단위: 명, %, %p

구분	졸업자	취업 대상자	취업자			2014 취업률 (A)	2013 취업률 (B)	취업률 증감 (A-B)
			계	직장건보 가입 취업자	기타			
고등교육기관	557,234	488,199	327,186	302,280	24,906	67.0	67.4	△0.4
전문대학	183,388	166,345	112,765	104,630	23,135	67.8	67.9	△0.1
대학	301,606	261,068	168,510	154,507	14,003	64.5	64.8	△0.3
교육대학	4,690	4,553	3,596	3,570	26	79.0	76.4	2.6
산업대학	15,698	14,755	10,354	9,600	754	70.2	7.2	△3.0
각종 학교	532	376	196	89	107	52.1	53.9	△1.8
기능대학	6,669	6,097	4,635	4,547	88	76.0	77.4	△1.4
일반대학원	44,651	35,005	27,130	25,337	1,793	77.5	78.5	△1.0

*조사대상 학교수는 총 567개교(분교 15개교 포함)임
출처: 교육부 보도자료(2015. 12. 16)

교육부는 2015년 12월 한국 교육개발원에서 조사한 '2014년 고등교육기관 졸업자 건강보험 및 국세 DB 연계 취업통계'결과를 발표했다. 취업통계는 2013년 8월부터 2014년 12월 31일까지 전국의 전문대학, 일반대학, 교육대학, 산업대학, 각종 학교, 기능대학, 대학원 등을 대상으로 조사한 최근까지의 자료이다.

고등교육기관 전체의 취업률은 67.0%p로 전년(67.4%) 대비 0.4%p가 하락, 하락 폭이 다소 둔화된 것으로 나타났다. 그러나 교육대학 취업률은 79.0%로 전년 대비 2.6%p 상승했고, 대학원 취업률은 77.5%, 전문대학 취업률은 67.8%, 일반대학 취업률은 가장 낮은 64.5%로 나타났다. 단순 논리로 말하자면 고등교육기관의 전체 취업률 하락의 그

원인이 일반대학 취업률이라고 볼 수 있다.

전국의 총취업자 32만 7186명 중 직장건강보험 가입자는 30만 2280명이다. 이들 직장건강보험 가입자는 전년 대비 0.4%(1773명) 감소한 것으로 나타났다. 수도권과 비수도권의 취업률 격차는 2012년 이후 계속 줄어드는 바람직한 추세로 2012년에 1.4%에서 2013년에는 1.3%, 2014년에는 0.8%인 것으로 나타났다.

계열별 취업률 순위는 의학계열(80.8%), 공학계열(73.1%), 교육계열(68.6), 사회계열(63.9%), 자연계열(63.6%), 예·체능계열(59.6%), 인문계열(57.3%)이다. 전공별 취업률 순위는 일반대학원의 초등교육학(99.0%) 전공이 가장 높고, 그 다음은 치의학(93.6%), 반도체·세라믹공학(92.7%), 한의학(89.6%), 간호(86.4%), 유아교육(85.1%), 기타 언어(81.5%) 전공이다.

이렇게 〈표 4〉를 보면 대학졸업생들의 취업난이 얼마나 심각한지 알 수 있다. 대학 졸업생의 경우 2/3만이 취업을 하며, 다시 그 취업생 중 절반만이 겨우 자기 전공을 살려 취업할 수 있다. 그렇다면 취업자들의 일자리 질은 어떨까?

표 5_비정규직 연령별 분포

단위: 천 명

구분		연령대					
		10대	20대	30대	40대	50대	60대
2016. 3	정규직	30	1,913	3,370	3,139	2,056	331
	비정규직	183	1,515	1,363	1,785	1,894	1,655

출처: 김유선, 「비정규직 규모와 실태」, 한국노동사회연구소(2016 .6. 17)

대학 졸업생이 취업한 일자리의 질을 분석한 자료는 거의 없다. 그래서 간접적으로 확인할 수밖에 없는데, 〈표 5〉는 연령별 비정규직 분포를 보여주는 지표이다. 위의 표를 보면 30~40대에 비하여 20대의 비정규직 비율이 월등히 높은 것을 볼 수 있다. 기업들이 신규채용을 할 때 비정규직을 많이 뽑고 있는 것이다. 20대의 경우 취업자 중에 정규직과 비정규직의 비율이 거의 55 대 45이다. 이를 통해 추정해볼 때, 대학 졸업자의 절반만이 취업이 가능하고 다시 그중 절반만이 정규직 일자리에 취업한다. 대학을 졸업해도 네 명 중에 한 명만이 겨우 정규직 일자리를 얻을 수 있다.

이런 극심한 취업난과 노동시장의 양극화는 교육에 어떤 영향을 미쳤을까?

학력과 학벌 차별로 인한 과도한 입시 경쟁이 초중등학교들을 입시 준비기관으로 전락시켰듯이, 극심한 취업난과 일자리의 양극화는 대학을 취업준비기관으로 전락시켰다. 대학생들은 대학의 교육과정에 충실하기보다는 취업 사교육에 열중하고 있다. 대학들도 학생들의 요구를 외면할 수 없으며, 더구나 대학 구조조정의 대상 선정에서 취업률이 중요한 지표로 활용되면서 대학 당국 스스로 학생들의 취업률 제고에 혈안이 되어 있다. 정상적인 교육 활동과 연구 활동은 뒷전이다. 예를 들어 사범대의 경우 학생들을 올바른 교사로 성장시키기 위하여 다양한 커리큘럼을 제공하기보다는 임용고시 합격률을 높이기 위한 시험 준비에 대부분의 교육 활동을 집중시키고 있다. 학생들도 교양 공부를 외면하는 것은 물론, 전공일치 취업률이 매우 낮기 때문에 전공 공부까지도 기피하고 있다. 당연히 대학 4년 동안 취업 공부에 매달리기 때문에 대학 졸업생이 지녀야 할 최소한의 지성이나 교양, 전문성을 갖출 수가 없다.

대학 당국에서도 취업률이 저조한 인문사회과학 분야나 자연과학 분야 등 기초학문 분야에 대한 지원은 소홀히 하고 소위 인기학과 중심으로 대학을 구조조정하고 있다. 이에 따라 학문 간 불균형은 더욱 확대되고 있으며, 가뜩이나 부실한 기초학문이 더욱 약화되면서 학문의 기반이 붕괴될 위기가 다가오고 있다.

청년 취업난을 해결할 방법이 있다

청년 취업난을 해결하지 않고는 초중등교육이나 대학교육을 정상화하기 어렵다. 취업난이 가중될수록 취업에 유리한 대학에 입학하기 위한 입시 경쟁은 치열해질 것이며, 대학은 취업준비의 압력으로부터 벗어날 수 없을 것이다.

현재 자본(사기업)과 시장이 취업난을 해결할 수 있는 역량, 즉 고용을 창출할 수 있는 역량은 거의 바닥났다. 그나마 그들이 제공하는 일자리는 대부분 양질의 일자리가 아니다. 따라서 국가가 나서서 공공부문을 확장하여 양질의 일자리를 대규모로 창출하는 정책을 적극적으로 추진해야 한다.

〈표 6〉와 볼 수 있듯이 한국의 공공 부문의 고용 비율은 OECD의 다른 국가들에 비하여 매우 작은 수준이다. 공공 부문의 규모가 작다는 것은 〈표 7〉의 공공적 재정 지출의 비율에서도 확인할 수 있다.

표 6_OECD 공공 부문 고용 비율

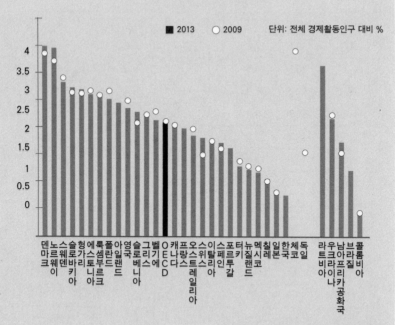

자료: Government at a Glance 2015

우리나라의 사회복지를 위한 공공적 재정 지출 규모는 OECD 평균의 1/2에 불과하다. 사회복지지출 비용이 국내총생산GDP 대비 10.4%에 불과해 OECD 회원국 가운데 꼴찌를 기록한 것이다.

사회복지 지출 비용을 확대하려면 이에 필요한 재원을 마련해야 하는데, 박근혜 정부의 '증세 없는 복지'는 불가능하다는 것이 이미 드러났다. 대중들이 받아든 건 담뱃값 인상 같은 '꼼수 증세'나 보육예산 축소 같은 '복지 축소'다.

해법은 증세다. 한국의 조세 부담률은 18%로 스웨덴(50%)과 같은

표 7_OECD 주요국 GDP 대비 사회복지 지출 비율

단위: %

구분	1995	2000	2003	2005	2007	2009	2011	2014
호주	16.6	17.8	17.8	17.1	16.0	17.8	17.8	19
캐나다	18.9	16.5	17.2	16.5	16.9	19.2	18.1	17
프랑스	28.6	27.9	29.0	29.2	28.4	32.1	31.4	31.9
독일	26.5	26.2	27.3	26.7	25.2	27.8	25.5	25.8
이탈리아	19.9	23.3	24.4	25.0	24.9	27.8	27.5	28.6
일본	14.3	17.4	18.2	18.6	18.7	22.2	–	23.7
한국	3.3	5.0	5.6	6.9	7.6	9.6	9.1	10.4
멕시코	4.7	5.8	6.8	7.0	7.2	8.2	7.7	–
노르웨이	23.3	21.3	24.5	21.6	20.8	23.3	21.8	22
스페인	21.4	20.3	21.0	21.2	21.6	26	26.8	26.8
스웨덴	32.1	28.5	30.3	9.4	27.3	29.8	27.2	28.1
영국	20.2	1932	20.5	21.3	20.5	24.1	22.7	21.7
미국	15.3	14.5	16.2	15.9	16.2	19.2	19	19.2
OECD 평균	19.9	19.3	20.7	20.5	19.3	22.1	21.4	21.6

복지 선진국에 비해 턱없이 낮은 상황이다. 하지만 대중들은 조세제도가 공정하지 않다고 생각한다. 증세의 부담을 자신들만 짊어지고 다른 사람들은 회피할 것이라고 생각하는 것이다. 특히 정부가 일반 국민들의 세금은 늘리고 기업이나 부유층의 조세부담은 경감해준다고 의심한다. 또한 유리지갑인 노동자들은 자신들이 자영업자들에 비해 부당하게 많은 세금을 부담한다고 생각한다.

결국 대기업 등에 매기는 법인세도 올려야 하고, 불필요하게 깎아주는 세금도 줄이는 게 맞다. 고소득 전문직, 자영업자들의 탈세도 더

엄격하게 단속해야 한다. '부자증세'도 필요하고, 각종 자본소득에 대한 과세, 투기 목적의 부동산 거래 및 보유에 대한 세금부담도 확대할 필요가 있다. 재벌과 부유층에서 시작하여 일반 시민들에게까지 서서히 확대하면 가능할 것이다.

이를 바탕으로 공공 부문의 고용 비율을 확대해야 한다. 2013년 기준으로 OECD 평균 공공 부문 고용 비율이 21.3%인 것과 비교하면, 한국의 공공 부문 고용 비율은 7.6%로 OECD 최하위권 수준이다. 특히 복지, 문화, 생태 등과 관련된 분야의 고용 규모는 더욱 작다. 한국의 의료, 복지부문 일자리는 174만 개로 전체 고용량의 6.7%를 차지한다. 이는 12.3%를 차지하는 유럽연합EU 15개국 평균이나 미국의 13.0%의 절반에도 못 미치는 수준이다. 일본의 11.7%에 비해서도 현저하게 낮다.

따라서 사회복지 및 보건의료 분야, 공교육 부문, 문화 예술 분야, 생태 농업 분야 등 공공 부문 일자리를 대폭 확대해 양질의 일자리를 늘려야 한다. 현재 7.6%인 공공 부문 고용 비율을 OECD 평균인 21.3% 수준으로 끌어올리고 상시·지속적인 업무를 하는 비정규직은 정규직으로 전환해야 한다.

▶공공 부문의 일자리 예시

- 복지 부문: 노인 장기요양 사업, 장애인 돌봄 서비스, 아동보호를 위한 방문가정복지사, 의료부분의 간호사 및 간병인 등
- 교육 부문: 초중등 교사, 유아와 특수 교사, 방과 후 전담 교사, 학교

에서 근무할 사회복지사, 심리치료사, 상담사 등 보육 교사와 지역의
방과 후 시설 교사
- 문화와 예술 부문: 지역 도서관, 박물관, 문화센터, 체육관 종사자 등
- 생태와 농업 부문: 환경 감시와 모니터 요원, 지역 생태교육 센터 교사, 에코가이드, 귀농지원센터, 학급급식센터, 도농교류사업 종사자 등

공공적인 사회적 일자리 창출과 확대는 여러 의미를 동시에 지니고 있다.

첫째, 청년 취업난을 해소하여 대학의 취업기관화 현상을 완화시킬 수 있다.

둘째, 전공일치 취업률을 확대하여 대학 내에서 균형 있는 학문의 발전의 기반을 제공할 수 있다. 사기업의 일자리와 달리 공공 부문의 일자리는 다양한 전공자들을 필요로 한다.

셋째, 대학의 지역별 균형 발전에 기여할 수 있다. 사기업의 일자리가 주로 수도권에 몰려 있어 수도권 대학에 대한 선호도를 높이는 반면, 공공 부문의 일자리는 전국에 고르게 산재해 있기 때문에 지방대학의 발전에 기여할 수 있다.

마지막으로 공공 부문의 확대는 사회 복지와 각종 사회 서비스의 양적 팽창 및 질적 향상을 가져올 것이다. 즉 공공 부문 확대는 교육문제와 복지문제, 취업 문제를 동시에 해결할 수 있는 일석삼조의 카드이다.

▶공공 부문 확충과 대학통합네트워크의 관계

　공공 부문은 정부 재정의 공적 투자로 운영되는 부문이다. 따라서 고용 과정 또한 시장논리를 넘어 공공적 성격을 강하게 지닐 수 있다.

　첫째, 앞으로 확장되는 공공 부문의 고용은 공공적으로 운영되는 대학통합네트워크와 긴밀한 관련성을 지녀야 한다. 고졸자 쿼터제를 제외하고 대학통합네트워크 졸업자에게 우선권을 주어야 한다.

　둘째, 지역 공공 부문은 권역별 대학통합네트워크와 긴밀한 협조 아래 운영되어야 한다. 우선 고용과정에서 지방정부와 권역별 대학통합네트워크가 고용협약을 체결하여 네트워크 졸업자들이 지역 공공 부문으로 최대한 진출해야 한다.
　운영의 측면에서도 지방정부와 권역별대학통합네트워크의 긴밀한 협력이 필요하다. 지역 공공정책의 방향 설정, 공공사업의 기획과 평가, 공공시설의 운영과 평가 등에 권역별대학통합네트워크가 적극적으로 참여하고 기여해야 한다.

　이렇듯 정부(지방정부)와 대학통합네트워크(권역별 네트워트)는 공공 부문을 매개로 긴밀한 협력관계를 전국적(지역적) 차원에서 구축함으로써, 사회 공공성 강화(공공 부문 확대를 통한 복지사회 건설)와 교육 공공성 강화(대학통합네트워크의 활성화)라는 두 마리 토끼를 동시에 잡을 수 있다.

학력과 학별 차별을 철폐하자

취업난이 해결된다 할지라도, 학력과 학벌에 의한 사회적 차별이 존재하는 한 교육은 학력과 학벌 경쟁, 즉 입시 경쟁에서 벗어날 수 없다. 또한 학력과 학벌에 의한 차별은 그 자체가 사회적 불의이다. 따라서 학력과 학벌에 의한 차별 철폐는 교육을 위해서뿐만 아니라 사회정의 실현과 사회적 평등성을 강화하기 위해서도 반드시 필요하다.

이미 오래전부터 학력과 학벌에 의한 차별 철폐를 위한 여러 가지 방안이 논의되어왔다. 방안이 없는 것이 문제가 아니라 이를 강제할 수 있는 사회적 힘의 부재가 문제이다.

첫째, 학력과 학벌에 의한 차별 금지법을 제정해야 한다.

학벌과 학력에 따른 취업, 승진, 임금, 연수 그리고 기타 모든 처우에서 차별을 금지하는 법안을 제정하는 것이다.

학력차별금지의 기본 방향은 전 인사과정에서 학력·학벌란이 폐지되어야 하며 이를 위해, 모집 시 학력·학벌차별의 금지("대졸에 한함", "전문대졸 이상 학력자에 한함" 등 금지), 채용 시 학력·학벌차별의 금지(직무경력과 구분하여 학력·학벌에 대한 가산점 부여를 금지), 임금수준 결정 시 학력·학벌차별의 금지(호봉산정이나 연봉계약 시 학력·학벌 반영 금지), 승진 시 학력·학별차별의 금지(특정 학력이나 학벌 소유자의 승진 비율 제한), 기타 배치, 교육훈련, 퇴직 등 인사과정에서 학력·학별차별이 일체 금지될 수 있도록 해야 한다.

둘째, 공직자 지역할당제를 실시해야 한다.

민간 기업의 인사에 정부가 직접 개입하는 것이 힘든 현실에서 정부 등 공공기관에서는 우선적으로 공직자 할당제를 시행하여 전체 사회 분위기를 선도해나가야 한다.

우선 소극적 공직자 할당제는 사법·행정·외무·기술고시, 공인 회계사, 변리사 시험 등의 국가고시 그리고 중앙 공무원 채용시 특정 지역 대학 출신들이 일정 비율 이상을 점유하지 못하도록 하고 지역별 쿼터제를 실시하는 것이다.

적극적 공직자 할당제는 지역의 공공 부문 고용과정에서 그 지역 출신자들 채용을 원칙으로 하는 것이다. 또한 대기업 고용과정에서도 특정 대학과 특정 지역 출신에게 치우치지 않도록 다양한 인센티브나 벌칙 부여 제도를 적극적으로 강구해야 한다.

셋째, 고위공직의 학벌 독점 금지법을 제정해야 한다.

한국 사회에는 여전히 국가기관과 고위 관료들의 권한이 막강하다. 고위 공직자를 소수의 상위 학벌 대학들이 독점하고 있기 때문에 관료들과 네트워크를 구축해야 하는 사기업들도 상위 학벌 대학 출신들을 선호할 수밖에 없다.

정무직 및 고위직 공무원 임용시 특정 대학 출신들의 과점화를 막기 위한 제한 조치(5~10%를 상한선으로)를 설정함으로써 대학 서열 체제 타파는 물론 국가권력의 민주화도 동시에 추진해나갈 수 있다.

또한 대기업에서도 기업 임원과 이사회를 구성할 때 특정 대학출신들의 비율을 제한하도록 다양한 권장 및 압박 정책 실시한다.

이상 제시한 정책보다 더 중요하고 기본적인 정책들이 있다. 비정규직 철폐, 동일노동 동일임금, 최저임금제 현실화, 기본소득제 등 불평등을 최소화할 노동정책이 필요하다. 하지만 이런 정책들은 교육 부문이 아니라 노동정책으로 다루어야 할 분야라고 판단했기 때문에 여기에서 구체적으로 다루지는 않았다.

보론 5

사교육비의
혁명적 감소,
어떻게 가능한가?

실패한 공약-사교육비 절반

이명박 정부(2007~2012)는 대통령 선거에서 사교육비를 절반으로 감축하겠다고 공약하였으나 한 푼도 줄이지 못하고 임기를 끝냈다. 2007년 20조 400억 원 규모의 사교육비는 이명박 정부 임기 마지막 해 20조 1200억 원으로 마무리되었다. 뒤를 이은 박근혜 정부(2012~)의 사교육비 실태를 보면 방과후학교, EBS 교재 등을 제외한 사교육비 총액은 2012년 19조 원에서 2015년 17조 8000억 원으로 감소한 것으로 보고되었다. 그러나 이러한 변화는 학생들의 사교육이 실제로 감소하여 생긴 결과가 아니라 학생 수의 감소로 인해 발생한 것에 불과하다. 1인당 사교육비는 물론 참여 학생 1인당 사교육비는 오히려 더욱 증가한 것으로 나타났다.

2012년 23만 6천 원이었던 사교육비는 2015년 24만 4천 원으로 나타났다. 이는 2011년과 같은 수준으로 사교육비가 유지되고 잇다는 것

표 1_학생 사교육비 총액 규모

단위: 억 원, %

구분		2007	2011	2012	2013	2014	2015
전체		200,400	201,266	190,395	185,960	182,297	178,346
	초등학교		90,461	77,554	77,375	75,949	75,287
	중학교		60,006	61,162	57,831	55,678	52,384
	고등학교		50,799	51,679	50,754	50,671	50,675

자료: 2015초·중·고 사교육비 조사 결과

표 2_학생 1인당 월평균 사교육비

단위: 만 원, %

구분	2011	2012	전년 대비	2013	전년 대비	2014	전년 대비	2015	전년 대비
학생 1인당 사교육비	24.0	23.6	-1.7	23.9	1.3	24.2	1.1	24.4	1.0
참여 학생 1인당 사교육비	33.5	34.0	1.5	34.7	2.1	35.2	1.5	35.5	0.7

을 보여준다. 사교육에 참여한 학생들로만 계산할 때 참여 학생 1인당 월평균 사교육비는 35만 5000원으로 2012년 34만 원과 전년도 35만 2000원에 비해 증가한 것으로 조사되었다.

이러한 조사 결과는 박근혜 정부가 대학입학전형 간소화를 추진하였으나 그 정도의 변화로는 고교생의 사교육비 감소에 아무런 영향을 주지 못하였음을 보여주고 있다. 또한 시도 교육감들의 자사고 지정 취소에도 교육부가 부동의함으로써 자사고 정책이 지속되었고, 그 결과 초·중학생의 고교입시 부담도 감소하지 않은 것의 결과이다.

더욱이 2015년 총액 규모로 방과후학교비용은 1조 1,600억 원, EBS

표 3_학생 사교육비 총액 규모 및 학생 수

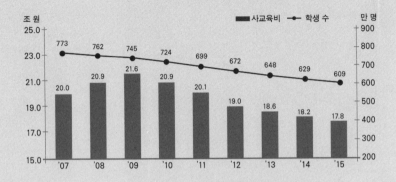

교재 구입비는 1700억 원, 어학연수비는 5800억 원인데, 이것을 정부 발표 사교육비와 합산하면, 19조 7000여 억 원으로 20조 원에 육박하고 있다.

그런데 이러한 사교육비 지출은 부모의 소득수준별로, 학생의 성적별로 격차가 크게 벌어지는 것으로 나타났다. 계층별 사교육비 지출실태를 보여주는 가구의 소득 수준별 사교육비를 살펴보면 월평균 소득 700만 원 이상 가구의 학생 1인당 월평균 사교육비는 42만 원이고, 월평균 소득 100만 원 미만인 가구는 6만 6천 원이다. 월평균 소득 700만 원 이상인 가구의 사교육 참여율은 82.8%이고, 월평균 소득 100만 원 미만 가구의 참여율도 32.1%로 나타났다.

결국 소득 수준별로 사교육비 참여율은 100만 원 미만과 700만 원 이상 가구의 경우도 2배 이상의 차이가 날 뿐만 아니라 사교육비 액수의 경우에는 6배 이상 차이가 나는 것으로 나타났다. 이는 교육을 통해 사회이동이 이루어지기보다는 사교육비를 매개로 사회경제적 지위의 대물림의 추세가 강화되고 있다는 것을 보여주고 있다.

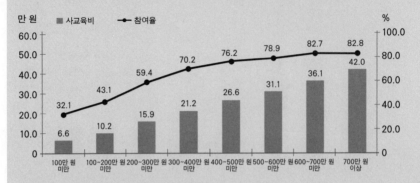

표 4_가구 소득수준별 학생 1인당 월평균 사교육비 및 참여율

또한 성적별 월평균 사교육비를 보면 상위 10% 이내 학생의 1인당 월평균 사교육비는 31만 6천 원인 반면, 하위 20% 이내 학생은 16만 8천 원을 지출하는 것으로 조사되었다. 사교육 참여율은 상위 10% 이내 학생이 79.1%이고, 하위 20% 이내 학생은 55.9%이었다. 결국 성적 상위권 학생들의 경쟁이 더욱 치열하게 진행되고 있음을 알 수 있다.

표 5_성적 구간별 학생 1인당 월평균 사교육비 및 참여율

단위: 만 원, %

구분	사교육비			참여율		
	2014	2015	전년 대비	2014	2015	전년 대비
전체	24.2	24.4	1.0	68.6	68.8	0.2
상위 10% 이내	30.9	31.6	2.3	78.4	79.1	0.7
11~30%	28.9	29.2	0.9	76.7	76.4	−0.3
31~60%	25.7	25.5	−0.7	71.6	71.4	−0.2
61~80%	21.6	21.7	0.5	64.5	64.7	0.2
81~100%	16.0	16.8	5.6	54.6	55.9	1.3

이 두 가지 지표는 소득별, 학생의 성적별로 지출하는 사교육비의 격차가 매우 크며 결국 소득별, 성적별 양극화로 귀결될 가능성이 매우 높다는 것을 시사한다.

우리나라의 사교육 시간을 외국과 비교할 경우, 대부분의 OECD 회원국의 '학부모가 부담한, 영리회사에 의해 조직된 방과 후 수업'의 참여 시간 평균은 일주일에 0.6시간(36분)인 데 비해 우리나라는 3.6시간으로 세계 최장시간을 기록하고 있다. '학부모가 부담한, 영리회사에 의해 조직된 방과 후 수업' 참여 수준이 가장 낮은 국가는 핀란드(주당 6분)와 덴마크(주당 6분)이다. 반면, '학부모가 부담한, 영리회사에 의해 조직된 방과 후 수업' 참여 시간이 높은 국가는 한국(3.6시간), 그리스(3시간), 터키(1.9시간), 스페인(1.1시간)의 순으로 나타났다.[16]

표 6_학부모 부담, 영리회사에 의해 조직된 방과후수업 참여도: 주당 평균 참여 시간

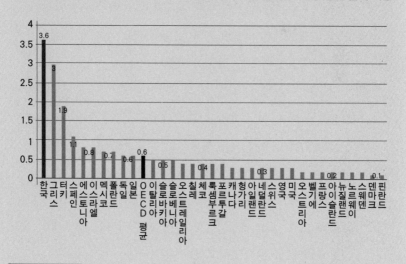

16. 문성빈, 「OECD 회원국의 방과 후 학습활동 참여 현황」, 2015, 한국 교육개발원 교육정책포럼.

대학 서열 구조 폐지가 정답이다

사교육에 대한 교육부의 학부모 대상 설문조사 결과 사교육 증가 우선순위는 다음과 같이 나타났다. 우선순위 상위 3가지를 분석하면 대학이 서열화되어 있고, 서열화된 대학과 특목고가 점수위주로 학생을 선발하기 때문이라는 점이 분명해진다.

5점 척도로 조사한 결과, 2014년을 기준으로 모든 학교 급에서 학부모들은 사교육 증가의 원인을 '취업 등에 있어 출신대학의 중요성'(초: 4.06점, 중: 4.03점, 고: 4.03점), '특목고, 대학 등 주요 입시에서 점수 위주 학생 선발'(초: 4.08점, 중: 4.01점, 고: 3.96점), '대학 서열화 구조'(초: 4.01점, 중: 3.93점, 고: 3.97점) 등으로 지목하였다.

이러한 결과는, 학부모들이 인식하는 사교육 증가 원인이 학교교육보다는 경쟁 위주의 입시제도와 대학 서열화와 학력주의(출산대학의 중요성)의 사회적 풍토이며, 학교교육의 질은 사교육 증가의 직접적인 원인으로 인식하지는 않는다는 것을 의미한다.

따라서 사교육비를 획기적으로 감축시키기 위해서는 고교평준화 체제를 재정립하고 대학 서열 체제와 학벌사회를 해소하여야만 한다. 이때 전체 사교육비의 2/3~3/4에 해당하는 사교육비를 감축시킬 수 있다(입시 대비 일반 교과 사교육비의 비중이 전체 사교육비의 4/5에 해당됨. 학생 1인당 사교육비 월별 24.4만 원 중 일반 교과는 19.0만 원임). 객관적 지표와 설문조사 등 모든 응답은 한 방향을 가리키고 있는데도 교육부는 엉뚱한 처방만을 되풀이하고 있다.

사교육의 핵심적 증가 원인을 해소해야 학부모들은 사교육비 출혈 경쟁에서 빠져나올 수 있다.

표 7_사교육 증가 원인 우선순위(학부모 대상 설문 2014)[17]

단위: 5점 척도

		초등학교	중학교	고등학교
사회 문화 풍토, 입시 제도	과거에 비하여 국민경제수준이 높아졌기 때문에	3.52	3.35	3.30
	부모세대의 전반적인 학력 상승, 저출산 등으로 자녀에 대한 기대치가 높아졌기 때문에	4.01	3.76	3.67
	사교육이 보편화되어 있어 사교육에 참여하지 않으면 불안하기 때문에	3.69	3.52	3.44
	대학 서열화 구조가 심각하기 때문에	4.01	3.93	3.97
	취업 등에 있어 출신 대학이 중요하기 때문에	4.06	4.03	4.03
	특목고, 대학 등 주요 입시에서 점수 위주로 학생을 선발하기 때문에	4.00	4.01	3.96
학교 교육	개별적 자녀의 학습관리를 개별적으로 잘 해주지 못해서	3.15	3.29	3.21
	수준별 수업이 제대로 이루어지지 않아서	3.12	3.16	3.03
	학교 시험이 학교에서 실제 배우는 내용보다 어렵게 출제되어서	2.67	3.05	3.18
	학교교육만으로는 예체능 등 자녀의 특기적성을 제대로 키워주기 어려워서	3.70	3.34	3.32
	진학준비, 상담, 정보제공이 부족해서	3.14	3.13	3.13
	학교의 학습 분위기, 학습시설 등이 좋지 않아서	2.45	2.73	2.80

'대학 서열 체제 해소-고교평준화 체제 재정립-일제고사 폐지'를 이루어야 우리나라 교육에서 망국적 사교육비를 추방하고 공교육을 새로운 반석 위에 다시 세울 수 있다.

---

17. 박성호외. 2014년 사교육비 및 사교육의식조사 결과 분석 연구.교육개발원. 2015. 74~75쪽. 재구성

표 8_사교육비 감축을 위한 대학 체제와 고등학교제도 개편

	현행		사교육비 감축 체제	
	학교 체제	입시제도	학교 체제	입시제도
대입 단계	대학 서열화 체제	입학사정관제, 수능, 내신, 면접	대학통합네트워크 (공동학위대학) 체제	대학입학자격고사
고입 단계	•외고, 자사고 체제 •고교비평준화 체제	•영어내신 또는 중학교 내신 성적 •고입연합고사	•외고, 자사고의 일 반고 전환 •고교평준화 체제 재정립	무시험

V

교육혁명, 현실로 나오다

1.
교육 현장,
신자유주의 확산과 반대의
최전선이 되다

이명박 정부와 박근혜 정부의 집권 기간 동안 교육 현장에서는 신자유주의주의와 교육 공공성 간의 대립이 격렬하게 진행되었다.

2008년부터 이명박 정부는 '학교 만족 두 배-사교육비 절반'을 공약으로 제시하였으나 실상은 이와 반대로 '경쟁 강화-고통과 불평등의 심화'로 나타났다. 초등학생까지 일제고사로 경쟁으로 내몰고 부모의 경제력에 따라 학교를 양극화하는 자율형사립고를 대거 출현시켰다. 서울대 법인화법을 국회에서 날치기로 통과시켜 국립대를 민영화하고 자본 주도의 대학 구조조정 정책을 극단적으로 추진하였다. 총장 직선제 유지 대학에 대해 평가점수에서 엄청난 감점을 주어 대학들로부터 직선제 포기의 항복문서를 받아냈다. 2011년에는 비정규 교수의 절규를 뒤로한 채 강사법과 반쪽짜리 교원을 양산하는 고등교육법 개정을 밀어붙였다.

뒤이어 집권한 박근혜 정부는 한술 더 떠 신자유주의 교육에 독재적 교육 통제까지 추가하고 있다. 6만여 명의 조합원 중 9명이 해고자라는 이유로 전교조를 법외노조로 내몰고 전교조 전임자를 전원 직권면직 하였다. 국민들을 이데올로기적으로 통제하기 위하여 친일과 독재를 미화하는 역사 교과서 국정화 조치를 독불장군식으로 강행하였다. 외국 교육기관 설립 등 교육 영리화 정책, 자사고·특목고 유지 등 특권학교 정책을 강화하고 있다. 특히 시도 교육감들의 자사고 지정 취소에 대해서도 부동의하면서 특권 학교 살리기에 총력을 기울여왔다. 학령인구 감소를 평계로 대학구조 개악을 본격화하고 있으며, 심지어 2014년부터는 대학을 교육부 입맛대로 줄 세우기 하고 비리족벌사학이 '먹튀' 할 수 있도록 「대학구조개혁법」을 통과시키려 하고 있다.

2014년에 발생한 세월호 참사에도 아랑곳하지 않고 교육의 영리화, 대학의 서열화와 기업화, 성과급과 교원평가, 비정규 교육 노동자의 양산과 차별 등 교육보다 이윤과 경쟁 우선의 기조의 교육정책을 전면적으로 펴나가고 있다.

그러나 파죽지세로 질주하던 신자유주의 교육도 드디어 광범위한 국민적 반대와 저항에 직면하고 있다. 신자유주의 교육이 표방했던 장밋빛 담론과는 달리 교육 주체들에게 경쟁과 고통만을 가중시켜왔기 때문이다.

교육 주체들은 일제고사와 자율형사립고 등 특권학교의 문제점을 공론화하면서 폐지를 요구하였고, 고교평준화 지역을 지속적으로 확대하여왔다. 2010년대 초반에는 서울대 법인화 반대 투쟁과 반값 등록금 투쟁과 대학 등록금 폐지 투쟁으로 대학교육에 대한 국가책임을 의제화하였다. '대학구조 개악 저지와 대학공공성 강화를 위한 공동

대책위'를 구성하여 정치권을 압박하는 투쟁을 지속적으로 전개하였으며 대학총장직선제를 폐지하려는 시도에 목숨을 던진 투쟁으로 대응하였다.

이러한 투쟁이 이어지는 가운데 2014년 지방선거에서 국민들은 마침내 17개 시도 중 13개 시도에서 진보 교육감을 당선시킴으로써 무한경쟁과 불평등 교육에 파산을 선고하였다.

신자유주의 교육에 대한 광범위한 반대전선은 국내에만 국한되지 않았다. 왜냐하면 신자유주의자들의 주장이나 선전과 달리 학교 간, 지역 간 격차만 커지면서 불만이 고조되었기 때문이다. 신자유주의 교육의 본거지인 영미권에서도 표준성취도검사가 학교교육의 질을 높이기보다는 교육 격차만 증대시키는 결과를 가져왔다. 교육 공공성 약화, 교육복지 축소, 교육 불평등 심화에 반대하며 프랑스, 그리스, 영국, 이탈리아 등 유럽의 주요 국가들뿐만 아니라 미국, 캐나다, 칠레, 멕시코에서도 대학생과 고등학생들의 공교육강화투쟁이 진행되었다.

이 땅의 정치권력과 교육 자본은 결코 순순히 물러나지 않을 것이지만 신자유주의 교육은 이미 세계적 수준에서 한계를 드러내고 있다.

2.
교육혁명의 조건,
내·외부에서
무르익어가다

신자유주의 교육 체제에 대한 대중적 투쟁은 '교육의 근본적 개편-교육혁명'을 먼 미래의 일이 아닌 현실적 과제로 등장시키고 있다. 심지어 정치권의 대권주자도 2016년 5월부터 꾸준히 교육혁명이라는 단어를 쓰며 이미지를 부각시키려 하고 있다.

많은 시민들이 신자유주의 양극화 반대와 새로운 교육에 공감하고 정치권도 여기에 동조할 수밖에 없는 흐름은 그동안의 교육 주체 투쟁에 힘입은 바 크다고 할 수 있다. 몇 가지 점에서 교육혁명은 이제 준비 단계를 지나 현실화의 궤도에 오르고 있다.

첫째, 교육 주체들이 교육혁명을 교육운동의 분명한 목표로 설정하면서 단결과 연대를 강화하고 있다. 교육 주체들은 각자의 당면 과제를 바탕으로 신자유주의 교육을 저지하는 활동을 넘어서 새로운 교육 체제를 건설하기 위하여 교육혁명공동행동, 교육운동연대회의, 대학공공성강화공동대책위원회 등의 조직을 결성하였다. 그리고 연대단체들은 신자유주의 교육정책 폐기, 입시폐지-대학평준화, 대학 등록금 폐지, 비리족벌사학 퇴출과 공영형 대학 확대, 비정규 교수와 각종 학교 비정규직의 직접고용 정규직화(예: 비정규직 없는 대학헌장 제정운동), 교사·교수·공무원과 노동기본권과 정치기본권 확보, 교육재정 대폭 확충 등 교육혁명 의제를 널리 알려왔다.

특히 교육단체와 사회단체로 구성된 교육혁명공동행동은 2011년부터 현재까지 쉼 없이 대장정을 진행하여왔다. 2011년에는 국립대법인화 반대, 2012년에는 대학 등록금 폐지-대학 무상화를 주요 의제로 제시하였다. 2013년에는 자사고 재지정 평가를 앞두고 특권학교 폐지를 전면에 내세웠고 2014년에는 진보 교육감이 대거 출현하면서 진보교육 실현에 강조점을 두었다. 2015년에는 다시 대학 구조조정에 대응하면서 입시폐지 대학평준화에 방점을 두었다. 매년 교육혁명 대장정은 기본적 흐름을 이어가면서도 당시 상황을 반영하는 내용을 과제로 제시하였다.

표 5-1_ 교육혁명 대장정의 전개과정 2011~2015

	2011	2012	2013	2014	2015
명칭	'교육 공공성 실현'을 위한 도보대장정	2012 교육혁명 전국대장정	'교육위기 극복과 대학 공공성 강화'를 위한 교육혁명 대장정	'진보 교육 실현과 대학 공공성 강화'를 위한 교육혁명 대장정	'입시폐지·대학 평준화와 대학 공공성 강화'를 위한 교육혁명 대장정
주요 의제			• 특권학교·경쟁 • 등록금 폐지·대학 구조조정 반대 • 입시폐지·대학평준화 • 비정규직 정규직화·정리해고 철폐		
일정	부산, 목포 출발 (15박 16일)	부산, 제주 출발 (13박14일) -서울 집결	서울, 부산, 춘천, 목포 출발 -세종시 집결 (8박 9일)	서울, 창원, 제주 출발 (3박 4일) -세종시 집결	부산, 목포 출발 (15박 16일) -서울 집결

2011년부터 교육혁명공동행동이 결성되고 수없이 많은 정책토론회와 현장 검증 및 교육혁명 대장정을 통해 이제 교육혁명의 근본적 내용에 대해서 대부분이 동의하기에 이르렀다.

둘째, 교육혁명에 우호적인 정치적 지형이 갖추어지고 있다. 교육혁명이 법과 제도의 교체라고 할 때 이를 가능케 하는 정치적 지형의 형성은 매우 중요하다.

2010년 진보 교육감 등장 이후 무상급식, 혁신학교, 교육 민주화, 협력과 발달 중심의 교육으로 나아가고 있다. 이러한 진보 교육의 흐름은 국민적 지지를 받아 3/4이 넘는 시도에서 진보 교육감의 당선으로 나타났다. 초중등교육을 관장하는 지방 교육 권력이 진보적 교육 진영으로 넘어온 것이다. 2014년의 진보 교육감 대거 당선은 교육혁명의 조직적, 정치적 자산이 될 것이다.

또한 2016년 총선에서 10년을 유지해온 새누리당의 과반 체제가 붕괴되고 여소야대 국회가 만들어졌다. 이러한 입법부의 변화는 박근혜 정부의 퇴행적 교육정책에 제동을 걸고, 법제도를 더욱 역동적으로 변화시키게 될 것이다. 교육단체들로 구성된 '2016총선대응 교육정책연석회의'는 총선 이전에 교육혁명과 관련되는 3대 핵심 과제와 7대 주요 과제를 제시하였고 야당들은 대부분의 정책에 대해 동의한다는 입장을 표명하였다.

결국 2014년 교육감 선거와 2016년 총선을 거치면서 교육혁명에 유리한 정치적 조건이 확보되었다. 지방 교육 권력과 입법 권력의 지원을 받을 수 있는 상황까지 전진한 것이다. 이제 한 걸음 더 나아가 각 정당과 대통령 후보들이 교육혁명 의제를 공약화하고 교육운동 진영이

표 5-2_ '2016총선대응 교육정책연석회의' 3대 핵심 과제

교육재정 확보와 무상교육	• 유초중등교육 무상교육 전면화; 수업료, 급식비, 체험활동비, 교복비, 교통비 등 일체 • 대학등록금 대폭 인하 • GDP 1% 수준의 고등교육재정교부금 도입
입시교육 해결과 대학 공공성 강화	• 수능 절대 평가 확대와 대입자격고사 도입 • 독립사립대의 정부책임형사립대로의 전환과 공동학위대학(대학통합네트워크) 체제 수립
교육 주체 기본권 보장	• 국제법을 준수하는 학생인권법을 제정/18세 참정권 보장 • 교육 노동자의 노동기본권, 정치기본권 보장 • 교육 부문 비정규직 정규직화, 차별해소, 고용안정

이를 지속적으로 쟁점화하고 견인한다면 교육혁명은 바야흐로 현실화 단계로 접어들게 될 것이다. 2017년 대선에서는 경제 민주화와 과학기술혁명과 함께 필연적으로 교육혁명의 의제가 전면적으로 떠오를 것이다. 한 나라의 미래를 준비하는 것은 교육에서부터 시작하기 때문이다. 2017년 대선을 통해 교육혁명에 우호적인 정부가 집권한다면 행정부와 입법부, 중앙정부와 시도 교육청이 보조를 맞추어 속도감 있게 교육 체제 개편을 추진해나갈 수 있을 것이다.

3.
교육혁명 회의론에
대한 **답변**

   교육 체제의 근본적 개편에 대해 회의적인 몇 가지 의견이 있다.

   하나는 교육문제의 뿌리가 사회적 불평등에 기인하고 있기 때문에 사회적 불평등을 해결하기 전에는(즉 총체적인 사회혁명이나 사회적 변혁 없이는) 교육문제는 해결 불가능하다는 견해이다. 물론 교육문제는 사회문제와 긴밀하게 연관되어 있으며, 사회문제의 해결 없이 교육문제가 완전하게 해결될 수 없는 것도 사실이다. 하지만 교육 부문은 상대적 자율성을 가지고 있다. 사회혁명이나 변혁을 전제하지 않고도 많은 과제들을 해결해나갈 수 있다. 예를 들어 유럽의 나라들이 우리나라와 같이 자본주의체제임에도, 입시 위주의 교육과 사교육으로부터 자유로운 것은 대학이 평준화되어 있기 때문이다. 또한 현 시기에 교육 부문의 비정규직 문제를 해결해나가는 것은 사회 전체적으로 볼 때도 매우 긍정적인 역할을 하는 것이다. 사실 혁명에 대한 정의는 다양하다. 자본주의에서 사회주의로 완전히 바뀌는 것도 혁명이고 지배세력이 피지배세력에 의해 전복되는 것도 혁명이라 할 수 있다. 우리 삶과

의식 구조를 심대하게 변화시키는 것도 넓은 의미에서의 혁명이라고 부르기도 한다. '교육혁명'은 교육만 조금 바꾸는 것에 머무르지 않는다. 교육을 바꿈으로써 그와 연관된 사회체제에 균열을 내고 종국에는 거대한 사회변동으로 상승할 것이다.

다른 하나는 교육혁명의 의제를 교육복지 등 개량적인 수준에서 국한시키려는 입장이다. 그러나 교육재정 확보, 교장공모제등 재정적, 개량적 조치만으로는 심각해질 대로 심각해진 교육의 문제를 푸는 해법이 될 수 없다. 신자유주의 교육 체제를 손보지 않는 부분적인 변화는 교육 시장화 정책에 대한 면역제에 불과할 것이기 때문이다. 또한 개량적, 부분적 처방으로는 교육 체제의 변화를 요구하는 대중적 동력을 결집하는 데도 한계가 있다. 대중적 관심을 집중하고 확대시키기 위해서는 대중의 절실한 요구인 공교육비, 사교육비의 폭증, 교육 불평등의 심화 및 교육 대물림, 학벌사회와 청년실업 문제 등을 정면으로 제기하여야 한다. 대중투쟁은 교육 모순 해소의 전망이 분명해지고 현실성이 높아질 때 역동적으로 진행될 수 있다.

교육혁명에서 더 고려해야 할 의제들이 상당수 있다. 탈학교 학생에 대한 교육학적 접근, 학력 차별과 노동시장 및 노동력 재생산의 문제, 고령시대에서의 평생교육, 지역 차원의 풀뿌리 교육 의제, 교육 구성원들의 주체화 방식과 다양한 연대, 교육 내용의 평등적 변화, 교육 주체들 간의 교육 현장에서의 관계 설정 등 다양한 주제들에 대해서 새로운 접근이 이루어져야 한다. 이러한 논의를 통해 더욱 풍부하고 혁신적인 교육적 변화가 이루어질 수 있을 것이다.

4.
교육혁명,
미생을 넘어

교육혁명의 과제는 명확하다. 그리고 교육혁명의 조건도 무르익고 있다. 그러나 씨줄과 날줄이 제대로 엮여야 하며 이때 비로소 교육혁명은 미생을 넘어 완생에 도달할 수 있다.

공교육 개편은 중장기적인 시간이 소요되는 사업이고 공교육 개편에 대한 기득권층의 반발은 피할 수 없다. 교육혁명이 냉각되지 않고 자본과 정치권력에게 유리한 경기장을 뛰어넘기 위해서는 공교육 개편에 대한 교육 주체와 국민들의 대중적 지지가 견고하게 조직되고 고양되어야 한다.

그런데 이러한 두 가지 전제는 이미 갖추어지고 있다.

먼저, 신자유주의는 교육 주체의 삶 자체를 위협하는 학생 간 경쟁과 차별, 교원에 대한 경쟁과 통제, 시장논리를 앞세운 해고와 불안정 노동 등을 양산하였다. 이것은 교육의 본질을 실현하는 교육노동과 안정적인 교육노동과 정면으로 충돌하는 것이다. 신자유주의에 대한 투쟁을 계기로 교육 주체들은 교육과 존재의 본질에 대해 더욱 분명히 자각하였고, 이러한 자각은 공교육 개편을 향하여 전진하는 데 강력한 동력이 될 것이다.

둘째, 신자유주의는 국민들의 임계점을 넘어설 정도로 경쟁과 교육 불평등을 심화시켜왔다. 그리고 대부분의 국민들이 폭증하는 사교육비, 높은 대학 등록금, 견고한 학벌사회 등으로부터 자유로울 수 있는 길이 교육혁명이라는 것을 자각하기 시작하였다. 새로운 교육에 대한 국민적 열망은 이미 두 차례에 걸친 교육감 선거에서도 표출되었다. 이러한 대중의 교육적 요구는 교육 주체들이 현실적 전망을 제시한다면 더욱 적극적이고 급진적인 형태로 발전할 것이다.

새로운 시대는 인류사회의 지속성을 보장하고 공동체적 삶을 개선해나갈 수 있는 총체적 역량을 갖춘 인간 형성을 필요로 한다. 모든 인간이 자신의 발달을 최대한 전면적으로 실현하는 한편 이러한 사회 체제의 건설에 기여하는 새로운 교육이 필요하다. 교육혁명은 바로 신자유주의 교육 체제를 철폐하고 발달과 해방의 새로운 교육 체제를 건설하는 과정이다. 그리고 교육혁명은 그 일을 하는 주체도 혁명적으로 변화시켜갈 것이다. 교육혁명을 통해 무한 경쟁의 천형, 시시포스의 노동을 끝내야 한다. 교육혁명을 통해 인간 해방, 해방된 사회를 향해 힘차게 나가야 한다.

참고 문헌

WTO 교육개방 저지와 교육공공성 실현을 위한 범국민교육연대(2004), 『공교육 새판짜기』, 전국교직원노동조합.

강혜규 외(2007), 『사회서비스공급의 역할분담 모형개발과 정책과제』 연구보고서 2007-12, 한국보건사회연구원.

교육부(2014), 「대학구조개혁추진계획」.

국정브리핑 특별기획팀(2007), 『대한민국교육 40년』, 한스미디어.

김성천(2011), 『혁신학교란 무엇인가: 어디에서부터 시작하고 무엇을, 어떻게 실천할 것인가?』, 맘에드림.

김유선(2016), 『비정규직 규모와 실태』, 한국노동사회연구소.

김학한(2010), 『공교육과 SKY의 미래』, 도서출판 한울.

김학한(2013), 「교육혁신을위한 새로운 중등교육체제와 법제도 개선방안」, 고교체제개편방안토론회자료집.

노동환경건강연구소(2012), 「학교급식조리 노동자 작업환경 평가와 개선을 위한 연구조사 보고서」.

다이앤 래비치Diane Ravitch(2011), 윤재원 옮김, 『미국의 공교육개혁, 그 빛과 그림자』, 지식의 날개.

류지성 외(2010), Issue Paper 『청년고용 확대를 위한 대학교육 혁신 방안』, 삼성경제연구소.

박거용(2005), 『350만의 배움터 한국대학의 현실』, 문화과학사.

박문호(2008), 『뇌, 생각의 출현』, 휴머니스트.

비고츠키L. S. Vygotsky(2011), 배희철 외 옮김, 『생각과 말』, 살림터.

_____(2012), 비고츠키연구회 옮김, 『도구와 기호』, 살림터.

성열관·이순철(2011), 『혁신학교 : 한국교육의 희망과 미래』, 살림터.

사토 마나부佐藤 學(2009), 손우정 옮김, 『교육개혁을 디자인한다』, 학이시습.

_____(2011), 박찬영 옮김, 『아이들을 어떻게 가르칠 것인가』, 살림터.

아이뉴스24(2013. 6. 4).

우석훈(2008), 『88만원 세대』, 레디앙.

이규환(1994), 『선진국의 교육제도』, 배영사.

이현(2015), 「교육과 사회를 바꾸는 대입제도개혁방안」, 전국교육정책연구소네트워크 학술대회자료집.

임재홍(2015), 「신자유주의시대대학지배구조」, 『문화과학』 2015년여름호.

정영수 외(2007), 『해외대학입학제도 실태조사 연구』, 한국대학교육협의회.

정진상(2004), 「대학서열체제의 혁파방안: 국립대학통합네트워크」, 경상대학교 사회과학연구원, 『대학서열체제연구: 진단과 대안』, 도서출판 한울.

정진상(2005), 「대학구조개혁」, 정진상·이철호·손지희 외 지음, 『교육부의 대국민사기극』, 책갈피.

제니퍼 워시번Jennifer Washburn(2011), 김주연 옮김, 『대학 주식회사』, 후마니타스.

존 듀이(2007), 이홍우 옮김, 『민주주의와 교육』, 교육과학사.

진보교육연구소(2012), 「비고츠키 협력교육에 대하여」, 『진보교육』 42호.

_____(2012), 「청소년 미발달 문제와 한국의 대학입시」, 『진보교육』 41호.

_____(2015), 『관계의 교육학』, 살림터.

『질라라비』 2016년 7월호(155호).

천보선·김학한(1998), 『신자유주의와 한국교육의 진로』, 도서출판 한울.

초등교육과정모임(2012), 『행복한 혁신학교 만들기』, 살림터.

카치아피카스, 조지George Kartsiaficas(2009), 『신좌파의 상상력』, 난장.

클라이드 W. 바로우Clyde W. Barrow(2011), 박거용 옮김, 『대학과 자본주의 국가: 기업자유주의와 미국 고등교육의 개조 1894-1928』, 문화과학사.

통계청(2015), 「초·중·고 사교육비 조사결과」.

하워드 가드너Howard Gardner(2007), 문용린 외 옮김, 『다중지능』, 웅진지식하우스.

후쿠다 세이지福田誠治(2008), 나성은·공영태 옮김, 『핀란드교육의 성공』, 북스힐.

한국교육개발원(2011), 『교육통계연보』.

_____(2011), 『취업통계연보』.

_____(2011), 『2011 OECD 교육지표』.

한국교육연구네트워크 총서기획팀(2010), 『핀란드 교육혁명』, 살림터.

한국대학교육연구소(2011), 『미친 등록금의 나라』, 개마고원.

2016총선대응교육정책연석회의(2016), 정책제안서자료집.

OECD(2015), Education at a Glance.

삶의 행복을 꿈꾸는 교육은
어디에서 오는가?

미래 100년을 향한 새로운 교육

▶ 교육혁명을 앞당기는 배움책 이야기
혁신교육의 철학과 잉걸진 미래를 만나다!

 핀란드 교육혁명
한국교육연구네트워크 총서 01 | 320쪽 | 값 15,000원

 일제고사를 넘어서
한국교육연구네트워크 총서 02 | 284쪽 | 값 13,000원

 새로운 사회를 여는 교육혁명
한국교육연구네트워크 총서 03 | 380쪽 | 값 17,000원

 교장제도 혁명
한국교육연구네트워크 총서 04 | 268쪽 | 값 14,000원

 새로운 사회를 여는 교육자치 혁명
한국교육연구네트워크 총서 05 | 312쪽 | 값 15,000원

 혁신학교에 대한 교육학적 성찰
한국교육연구네트워크 총서 06 | 308쪽 | 값 15,000원

 혁신학교
성열관·이순철 지음 | 224쪽 | 값 12,000원

 행복한 혁신학교 만들기
초등교육과정연구모임 지음 | 264쪽 | 값 13,000원

 서울형 혁신학교 이야기
이부영 지음 | 320쪽 | 값 15,000원

 혁신교육, 철학을 만나다
브렌트 데이비스·데니스 수마라 지음
현인철·서용선 옮김 | 304쪽 | 값 15,000원

 혁신교육 존 듀이에게 묻다
서용선 지음 | 292쪽 | 값 14,000원

다시 읽는 조선 교육사
이만규 지음 | 750쪽 | 값 33,000원

 프레이리와 교육
한국교육연구네트워크 번역 총서 01
존 엘리아스 지음 | 한국교육연구네트워크 옮김
276쪽 | 값 14,000원

 교육은 사회를 바꿀 수 있을까?
한국교육연구네트워크 번역 총서 02
마이클 애플 지음 | 강희룡·김선우·박원순·이형빈 옮김
352쪽 | 값 16,000원

 **비판적 페다고지는
세상을 변화시킬 수 있는가?**
한국교육연구네트워크 번역 총서 03
Seewha Cho 지음 | 심성보·조시화 옮김 | 280쪽 | 값 14,000원

 마이클 애플의 민주학교
한국교육연구네트워크 번역 총서 04
마이클 애플·제임스 빈 엮음 | 강희룡 옮김 | 276쪽 | 값 14,000원

 미래교육의 열쇠, 창의적 문화교육
심광현·노명우·강정석 지음 | 368쪽 | 값 16,000원

  대한민국 교사, 어떻게 가르칠 것인가?
윤성관 지음 | 320쪽 | 값 15,000원

 아이들을 어떻게 가르칠 것인가
사토 마나부 지음 | 박찬영 옮김 | 232쪽 | 값 13,000원

 아이들의 배움은 어떻게 깊어지는가
이시이 준지 지음 | 방지현·이창희 옮김 | 200쪽 | 값 11,000원

 모두를 위한 국제이해교육
한국국제이해교육학회 지음 | 364쪽 | 값 16,000원
2015 세종도서 학술부문

 경쟁을 넘어 발달 교육으로
현광일 지음 | 288쪽 | 값 14,000원

 독일 교육, 왜 강한가?
박성희 지음 | 324쪽 | 값 15,000원

대한민국 교육혁명
교육혁명공동행동 연구위원회 지음 | 224쪽 | 값 12,000원

▶ 비고츠키 선집 시리즈
발달과 협력의 교육학 어떻게 읽을 것인가?

 생각과 말
레프 세묘노비치 비고츠키 지음
배희철·김용호·D. 켈로그 옮김 | 690쪽 | 값 33,000원

 성장과 분화
L.S. 비고츠키 지음 | 비고츠키 연구회 옮김
308쪽 | 값 15,000원

 도구와 기호
비고츠키·루리야 지음 | 비고츠키 연구회 옮김
336쪽 | 값 16,000원

 관계의 교육학, 비고츠키
진보교육연구소 비고츠키교육학실천연구모임 지음
300쪽 | 값 15,000원

 어린이 자기행동숙달의 역사와 발달 I
L.S. 비고츠키 지음 | 비고츠키 연구회 옮김
564쪽 | 값 28,000원

 비고츠키 생각과 말 쉽게 읽기
진보교육연구소 비고츠키교육학실천연구모임 지음
316쪽 | 값 15,000원

 어린이 자기행동숙달의 역사와 발달 II
L.S. 비고츠키 지음 | 비고츠키 연구회 옮김
552쪽 | 값 28,000원

 비고츠키와 인지 발달의 비밀
A.R. 루리야 지음 | 배희철 옮김 | 280쪽 | 값 15,000원

 어린이의 상상과 창조
L.S. 비고츠키 지음 | 비고츠키 연구회 옮김
280쪽 | 값 15,000원

 수업과 수업 사이
비고츠키 연구회 지음 | 196쪽 | 값 12,000원

 연령과 위기
L.S. 비고츠키 지음 | 비고츠키연구회 옮김
336쪽 | 값 17,000원

▶ 평화샘 프로젝트 매뉴얼 시리즈
학교 폭력에 대한 근본적인 예방과 대책을 찾는다

 학교 폭력 어떻게 만들어지는가
문재현 외 지음 | 300쪽 | 값 14,000원

 아이들을 살리는 동네
문재현·신동명·김수동 지음 | 204쪽 | 값 10,000원

 학교 폭력, 멈춰!
문재현 외 지음 | 348쪽 | 값 15,000원

 평화! 행복한 학교의 시작
문재현 외 지음 | 252쪽 | 값 12,000원

 왕따, 이렇게 해결할 수 있다
문재현 외 지음 | 236쪽 | 값 12,000원

 마을에 배움의 길이 있다
문재현 지음 | 208쪽 | 값 10,000원

 젊은 부모를 위한 백만 년의 육아 슬기
문재현 지음 | 248쪽 | 값 13,000원

▶ 교과서 밖에서 만나는 역사 교실
상식이 통하는 살아 있는 역사를 만나다

전봉준과 동학농민혁명
조광환 지음 | 336쪽 | 값 15,000원

남도의 기억을 걷다
노성태 지음 | 344쪽 | 값 14,000원

응답하라 한국사 1·2
김은석 지음 | 356쪽·368쪽 | 각권 값 15,000원

즐거운 국사수업 32강
김남선 지음 | 280쪽 | 값 11,000원

즐거운 세계사 수업
김은석 지음 | 328쪽 | 값 13,000원

강화도의 기억을 걷다
최보길 지음 | 276쪽 | 값 14,000원

광주의 기억을 걷다
노성태 지음 | 348쪽 | 값 15,000원

**선생님도 궁금해하는
한국사의 비밀 20가지**
김은석 지음 | 312쪽 | 값 15,000원

교과서 밖에서 배우는 역사 공부
정은교 지음 | 292쪽 | 값 14,000원

팔만대장경도 모르면 빨래판이다
전병철 지음 | 360쪽 | 값 16,000원

빨래판도 잘 보면 팔만대장경이다
전병철 지음 | 360쪽 | 값 16,000원

영화는 역사다
강성률 지음 | 288쪽 | 값 13,000원

친일 영화의 해부학
강성률 지음 | 264쪽 | 값 15,000원

한국 고대사의 비밀
김은석 지음 | 304쪽 | 값 13,000원

조선족 근현대 교육사
정미량 지음 | 320쪽 | 값 15,000원

▶ 창의적인 협력수업을 지향하는 삶이 있는 국어 교실
우리말 글을 배우며 세상을 배운다

중학교 국어 수업 어떻게 할 것인가?
김미경 지음 | 332쪽 | 값 15,000원

토론의 숲에서 나를 만나다
명혜정 엮음 | 312쪽 | 값 15,000원

토닥토닥 토론해요
명혜정·이명선·조선미 엮음 | 288쪽 | 값 15,000원

이야기 꽃 1
박용성 엮어 지음 | 276쪽 | 값 9,800원

이야기 꽃 2
박용성 엮어 지음 | 294쪽 | 값 13,000원

인문학의 숲을 거니는 토론 수업
순천국어교사모임 엮음 | 308쪽 | 값 15,000원

▶ 4·16, 질문이 있는 교실 마주이야기
통합수업으로 혁신교육과정을 재구성하다!

 통하는 공부
김태호·김형우·이경석·심우근·허진만 지음
324쪽 | 값 15,000원

 주제통합수업, 아이들을 수업의 주인공으로!
이윤미 외 지음 | 392쪽 | 값 17,000원

 내일 수업 어떻게 하지?
아이함께 지음 | 300쪽 | 값 15,000원
2015 세종도서 교양부문

 수업과 교육의 지평을 확장하는 수업 비평
윤양수 지음 | 316쪽 | 값 15,000원
2014 문화체육관광부 우수교양도서

 인간 회복의 교육
성래운 지음 | 260쪽 | 값 13,000원

 교사, 선생이 되다
김태은 외 지음 | 260쪽 | 값 13,000원

 교과서 너머 교육과정 마주하기
이윤미 외 지음 | 368쪽 | 값 17,000원

 교사의 전문성, 어떻게 만들어지나
국제교원노조연맹 보고서 | 김석규 옮김 392쪽 | 값 17,000원

 수업 고수들 수업·교육과정·평가를 말하다
박현숙 외 지음 | 368쪽 | 값 17,000원

 수업의 정치
윤양수·원종희·장군 지음 | 280쪽 | 값 14,000원

 도덕 수업, 책으로 묻고 윤리로 답하다
울산도덕교사모임 지음 | 320쪽 | 값 15,000원

 학교협동조합,
현장체험학습과 마을교육공동체를 잇다
주수원 외 지음 | 296쪽 | 값 15,000원

 체육 교사, 수업을 말하다
전용진 지음 | 304쪽 | 값 15,000원

 거꾸로교실,
잠자는 아이들을 깨우는 수업의 비밀
이민경 지음 | 280쪽 | 값 14,000원

 교실을 위한 프레이리
아이러 쇼어 엮음 | 사람대사람 옮김 | 412쪽 | 값 18,000원

 교사는 무엇으로 사는가
정은균 지음 | 292쪽 | 값 15,000원

 걸림돌
키르스텐 세룹-빌펠트 지음 | 문봉애 옮김
248쪽 | 값 13,000원

 마을교육공동체란 무엇인가?
서용선 외 지음 | 360쪽 | 값 17,000원

 마음의 힘을 기르는 감성수업
조선미 외 지음 | 300쪽 | 값 15,000원

 21세기 교육과 민주주의
한국교육연구네트워크 번역 총서 05
넬 나딩스 지음 | 심성보 옮김 | 392쪽 | 값 18,000원
2016 세종도서 학술부문

 작은 학교 아이들
지경준 엮음 | 376쪽 | 값 17,000원

 교사, 학교를 바꾸다
정진화 지음 | 372쪽 | 값 17,000원

 감성 지휘자, 우리 선생님
박종국 지음 | 308쪽 | 값 15,000원

 함께 배움
학생 주도 배움 중심 수업 이렇게 한다
니시카와 준 지음 | 백경석 옮김 | 280쪽 | 값 15,000원

 대한민국 입시혁명
참교육연구소 입시연구팀 지음 | 220쪽 | 값 12,000원

 공교육은 왜?
홍섭근 지음 | 352쪽 | 값 16,000원

 교사를 세우는 교육과정
박승열 지음 | 312쪽 | 값 15,000원

▶ 더불어 사는 정의로운 세상을 여는 인문사회과학
사람의 존엄과 평등의 가치를 배운다

밥상혁명
강양구·강이현 지음 | 298쪽 | 값 13,800원

좌우지간 인권이다
안경환 지음 | 288쪽 | 값 13,000원

도덕 교과서 무엇이 문제인가?
김대용 지음 | 272쪽 | 값 14,000원

민주 시민교육
심성보 지음 | 544쪽 | 값 25,000원

자율주의와 진보교육
조엘 스프링 지음 | 심성보 옮김 | 320쪽 | 값 15,000원

민주 시민을 위한 도덕교육
심성보 지음 | 500쪽 | 값 25,000원
2015 세종도서 학술부문

민주화 이후의 공동체 교육
심성보 지음 | 392쪽 | 값 15,000원
2009 문화체육관광부 우수학술도서

교과서 밖에서 배우는 인문학 공부
정은교 지음 | 280쪽 | 값 13,000원

갈등을 넘어 협력 사회로
이창언·오수길·유문종·신윤관 지음 | 280쪽 | 값 15,000원

오래된 미래교육
정재걸 지음 | 392쪽 | 값 18,000원

동양사상과 마음교육
정재걸 외 지음 | 356쪽 | 값 16,000원
2015 세종도서 학술부문

대한민국 의료혁명
전국보건의료산업노동조합 엮음 | 548쪽 | 값 25,000원

교과서 밖에서 배우는 철학 공부
정은교 지음 | 280쪽 | 값 14,000원

교과서 밖에서 배우는 고전 공부
정은교 지음 | 288쪽 | 값 14,000원

교과서 밖에서 배우는 사회 공부
정은교 지음 | 304쪽 | 값 15,000원

전체 안의 전체 사고 속의 사고
김우창의 인문학을 읽다
현광일 지음 | 320쪽 | 값 15,000원

교과서 밖에서 배우는 윤리 공부
정은교 지음 | 292쪽 | 값 15,000원

▶ 살림터 참교육 문예 시리즈
영혼이 있는 삶을 가르치는 온 선생님을 만나다!

꽃보다 귀한 우리 아이는
조재도 지음 | 244쪽 | 값 12,000원

선생님이 먼저 때렸는데요
강병철 지음 | 248쪽 | 값 12,000원

성깔 있는 나무들
최은숙 지음 | 244쪽 | 값 12,000원

서울 여자, 시골 선생님 되다
조경선 지음 | 252쪽 | 값 12,000원

아이들에게 세상을 배웠네
명혜정 지음 | 240쪽 | 값 12,000원

행복한 창의 교육
최창의 지음 | 328쪽 | 값 15,000원

밥상에서 세상으로
김흥숙 지음 | 280쪽 | 값 13,000원

북유럽 교육 기행
정애경 외 14인 지음 | 288쪽 | 값 14,000원

▶ 남북이 하나 되는 두물머리 평화교육
분단 극복을 위한 치열한 배움과 실천을 만나다

10년 후 통일
정동영·지승호 지음 | 328쪽 | 값 15,000원

선생님, 통일이 뭐예요?
정경호 지음 | 252쪽 | 값 13,000원

분단시대의 통일교육
성래운 지음 | 428쪽 | 값 18,000원

김창환 교수의 DMZ 지리 이야기
김창환 지음 | 264쪽 | 값 15,000원

▶ 출간 예정

근간 **조선근대교육의 사상과 운동**
윤건차 지음 | 이명실·심성보 옮김

근간 **대한민국 교육감 이야기**
최창의 엮음

근간 **음악과 함께 떠나는 세계의 혁명 이야기**
조광환 지음

근간 **자기혁신과 공동의 성장을 위한
교사들의 필리버스터**
윤양수 외 지음

근간 **존 듀이와 교육**
한국교육연구네트워크번역총서 06 | 짐 개리슨 외 지음

근간 **미국의 진보주의 교육 운동사**
윌리엄 헤이스 지음 | 심성보 외 옮김

근간 **민주시민을 위한 역사교육**
황현정 지음

근간 **한글혁명**
김슬옹 지음

근간 **경기의 기억을 걷다**
경기남부역사교사모임 지음

근간 **왜 학교인가**
마스켈라인 J. & 시몬 M. 지음 | 윤선인 옮김

근간 **함께 만들어가는 강명초 이야기**
이부영 외 지음

근간 **핀란드 교육의 기적은 어떻게 만들어지나**
Hannele Niemi 외 지음 | 장수명 외 옮김

근간 **민주주의와 교육**
Pilar Ocadiz, Pia Wong, Carlos Torres 지음 | 유성상 옮김

근간 **역사 교사로 산다는 것은**
신용균 지음

근간 **고쳐 쓴 갈래별 글쓰기 1**
(시·소설·수필·희곡 쓰기 문예 편)
박안수 지음(개정 증보판)

근간 **고쳐 쓴 갈래별 글쓰기 2**
(논술·논설문·자기소개서·자서전·독서비평·
설명문·보고서 쓰기 등 실용 고교용)
박안수 지음(개정 증보판)

근간 **어린이와 시 읽기**
오인태 지음